KINZAI バリュー叢書

顧客をリスクから守る資産形成術

三菱アセット・ブレインズ(株)
投信ファンドアナリスト

勝盛 政治 [著]

一般社団法人 **金融財政事情研究会**

■ 最初に

　いま、再びリーマンショックが起こったら、あなたやあなたの顧客がもっている投資信託などの金融資産はどれくらい損失の可能性があるのでしょう？　実は、資産形成のために投資をしている人の多くは、投資によって自分が負っている損失可能性（リスク）の大きさを、金額や数字で言い表すことができません。

　投資は利益を得る目的で行うものですが、資産形成であるからには、市場に想定外の動きが生じたとしても、ライフプランやお金の計画を大きく損なわない範囲で行うべきです。そのためには、どれくらいの損失可能性を負っているのか、その計算の仕方や考え方、また、それがお金全体からみてどれくらいの大きさなのか、適正と思える範囲に収まっているのかを確認するすべを知っておいたほうが賢明です。そうすれば、知らなくて不安になることもなく、余裕をもって投資に励むことができます。

　本書では、リスクに対しての備えが手薄になっていると思われる、投資の知識や経験が少ない人を意識し、かなり保守的な視点で、これらのことを整理しています。そこでは、あえて投資のリターンを考慮に入れず、また、比較的大きめの価格変動（下落）リスク（これを潜在リスクといいます）を前提にしています。損失についてよく考えないで投資をした人が、不幸にして、想定外の価格下落に見舞われたとしても、「こんなはずで

はなかった……」「人生設計が損なわれた……」とひどく打ちのめされることのないような、最低限守るべき目安についての1つの考え方を説明しています。本書を購入される人は、これらのことをご理解のうえ、お読みください。

　本来であれば、資産形成に向けて投資に励む個人が多くの知識を蓄え、自らがこれらのことを判断できるようになることが理想です。しかしながら、金融リテラシーの向上といっても、急に身につくものではありません。そのためにも、ファイナンシャル・プランナー（以下「FP」という）や投資アドバイスを行う立場の人たちの役割は重要になってきます。本書は、主にこういった資産形成のアドバイスを行う人に向けた表現を用いています。

　個人でも経済専門誌を愛読している人や、自分の判断で投資を行ってきた人であれば十分に読みこなせる内容です。すでに投資をしているけれどリスクについては漠然としか考えていない人、勧められて行った投資が自分にとって適正な範囲に収まっているのか気になる人、また、これから投資を考えている人も、ぜひ一度、投資におけるリスクの大きさが、あなたのお金全体にとってどれくらいの影響がありそうなのか、本書を通じて確認してみてください。

　2016年5月

　　　　　　　　　　　　　　　　　　　　　勝盛　政治

目　次

第1章　あなたの顧客の投資、本当に大丈夫？

1　なぜ、こういった本が必要なのか、そして、こういう本がないのか………………………………………………2
2　もし明日またリーマンショックが起こったら？………3
3　投資のリスクは地震のようなもの　大切なのは地震への備え…………………………………………………9

第2章　投資によって受け入れているリスクとは？

1　顧客が受け入れるリスクの大きさのとらえ方を知ろう……………………………………………………14
2　投資リスクの大きさは、顧客の知識や経験によって変わる…………………………………………………19
3　「こんなはずではなかった」には2つの理由が含まれている…………………………………………………25

第3章 どれくらいの投資が適正なの？

1 どれくらいの損失までは耐えられるか……………… 30
2 適正な投資金額は逆算できる ……………………… 37

第4章 あなたの顧客の大切なお金を守るために

1 投資のリスクを考えるのはなぜか？ それは顧客の人生を守るため……………………………………… 48
2 投資のコアとなるもの、大きなお金を預けるものこそ、リスクの把握が重要 ……………………………… 51
3 費用は税金のように確実にとられ、シロアリのように投資したお金を蝕む…………………………………… 56

第5章 あなたやあなたの顧客が投資対象のリスクの大きさを知るには？

1 投資対象のリスクの大きさが客観的な数字で提供されない理由………………………………………………… 64
2 投資対象の価格変動の大きさを確認する方法は？ ……68
3 多くの人は投資のリスクがみえないから「投資が怖い」……………………………………………………… 75
4 リターンを計算に入れない理由 リターンとリスクについてもう少し知っておこう………………………… 78

第6章 だれでも簡単にできる投資の手順（ステップ）： あなたの顧客に当てはめてみよう！

1 リスクから身を守ることを最優先で考えた「投資の手順（ステップ）」……………………………………………… 86
2 顧客がすでに投資している内容が妥当なのか確認しよう ………………………………………………………………… 98

第7章 世間で推奨されている「分散投資」や「長期投資」は万能か？

1 初心者の投資において「分散投資」や「長期投資」はどれくらい大切なこと？ ……………………………… 108
2 「時間分散」「投資対象の分散」「長期投資」と「いま買うべき銘柄はこれだ！」は両立しない ……………… 111
3 時間分散は、スーパーでまとめ買いをしないようなもの ……………………………………………………………… 113
4 投資する対象を分散することは、農家が複数の作物を栽培するようなもの ………………………………… 119
5 長期投資の効果とは、シーズン当初は不調でもシーズンを通じて実力を発揮する野球選手のようなもの …124

第8章 身近な事例をみてみよう

1. 現役世代30歳で資産形成を意識し始めたA子さん …… 132
2. 退職金を手にして銀行預金＋αを求めるB男さん …… 134
3. 確定拠出年金制度が導入されたC雄さん …………… 136
4. 投資信託と株式を相続したD江さん ………………… 137
5. 趣味の競馬よりも株式投資に興味をもち始めたE治さん ……………………………………………………… 139

第9章 ファイナンシャル・プランナー、投資アドバイスを行う人の役割

1. 想定外を想定内に ……………………………………… 144
2. リスクの知識は何のために必要なのか …………… 147
3. 顧客が「投資してもよい」といったお金を、その人の許容リスクと考えていませんか ……………… 150
4. 適正な投資金額は、お酒にたとえるとわかりやすい … 154
5. すべてを決めるのが投資のアドバイスではありません　アドバイスの3原則 ………………………… 156
6. マイナス金利下の投資環境を考える ……………… 160

■最後に …………………………………………………… 167

第 1 章

あなたの顧客の投資、
本当に大丈夫？

1 なぜ、こういった本が必要なのか、そして、こういう本がないのか

　投資は、利益をあげるために行うものです。利益（リターン）を求めればリスクも伴うのですが、投資する前からリスクや損失について具体的に触れることで、「そんなに警戒しなければならないくらいなら投資しなければいい」ということにもなりかねません。

　また、「リスク＝損失」について、本来は期待リターンと一緒に語るべきことをリスクだけ切り出して話すことは、知識や経験が少ない個人にとっては誤解を生じる可能性もあります。具体的な数字を用いて「日本株式の価格下落リスクは大きいときには30％あります」などと話をすると、数字が独り歩きしてしまうでしょう。このように、投資について十分に理解していない人にリスクを説明するのは大変にむずかしいことです。

　こういった背景もあり、適正な投資について、リスクの大きさから考えるようなアプローチは好まれなかったものと思われます。説明する側もされる側も、そこまでの必要性もなければ、その水準に至ってはいなかったのです。

　現在の日本経済を取り巻く環境を考えると、今後は、より多くの人が資産形成のために投資に深くかかわる機会や可能性は高まっていくはずです。ここで留意しておかなければならないこと、それは、人生設計においての要（かなめ）であるお金を投資によってリスクにさらすことは、人生設計を不確実にする

図表1-1 投資にまわしたお金は不確実性を伴う

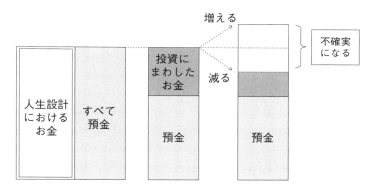

ことにもつながるということです（図表1-1参照）。後で「こんなはずではなかった！」「老後の人生設計が……」という事態はできるだけ避けなければなりません。そのためにも、資産形成においては、投資リスクについて目を背けずに、むしろ積極的に考えていくべきものなのです。

☑ 人生を豊かにするために行う投資は、人生設計を不確実にするものでもある。

2　もし明日またリーマンショックが起こったら？

資産形成のために、実際に投資をしているほとんどすべての

人に共通することですが、自分が投資したことによって、どれくらいのリスクを負っているのかをいえません。筆者は、投資に関して意見を聞かれれば、個人的な見解という前置きのうえでアドバイスや意見交換をしますが、その際に、多くの人は「いまは、何に投資をすればよいのでしょう？」とまず聞いてきます。投資は利益をあげるために行うわけですから、この質問は間違っているわけではありません。当然のことでしょう。ただ、筆者が気になるのは、投資の利益にだけ関心を示す人があまりにも多いという点です。

　スポーツでもゲームでも攻めと守りがあるように、投資にも攻めと守りが必要です。ましてや投資は、勝ち（利益）負け（損失）の金額の大きさによっては、人生設計にまで大きな影響を与えることもあります。加えて、投資は、野球のように攻めと守りを交互に行うものではありません。投資した時点で、攻め（利益をあげようとする行為）と守り（損失を被る可能性を抑える）が共存します。それは、投資は価格の上げ下げを伴うもので、上がれば「利益（リターン）」になり、下がれば「損失（ロス）」になるからです。常にリスクとリターンは背中合わせにあります。ですから、投資を行う際には、自分の身の丈に収まっているのかを確認することが大切です。日常生活でも、生活水準にあった自動車を購入しますよね。無理をすると生活が苦しくなるからです。投資でも、無理して利益を追いかけると苦しくなります。それを確認するための端的な質問が「自分が負っている（もしくは、負うことになる）リスクの大き

さをいえますか？」ということです。もっといえば、「その投資で、どれくらいの損失額が生じる可能性を秘めているのかを知っていますか？」ということです。

　ここで「金額」といいましたが、この「お金の大きさ」は大切なポイントです。それは、自分の人生に影響を与えるのは利益・損失の「率」ではなくてお金（金額）の「大きさ」だからです。たとえば1万円を株式に投資したのであれば、株価が50％下落したとしても損失額は5,000円です。この場合、悔しさは残ったとしても人生への影響はほとんどないでしょう。ところが、1,000万円を投資した場合、損失の大きさによっては人生設計に大きな影響を与えます（図表1－2参照）。ですから、「お金の大きさ＝金額」でとらえることが大切になってくるのです。もう一歩考えを進めれば、「投資にまわす金額の大きさは、自分の人生設計に照らし合わせて大丈夫ですか？」ということになります。これはリスクの大小にかかわらず、リス

図表1－2　損失可能性は投資金額と価格下落リスクによって決まる

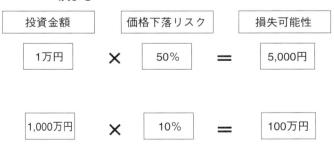

クがあるすべての投資においていえることです。そして、残念ながら、このことをスラッといえる人は意外に少ないのです。

☑ 投資する際に押さえておくべきことは「受け入れているリスク（損失可能性）の大きさ」。

では簡単な質問をしてみましょう。

【質問】

あなたの顧客がいまから投資したいと考えている金額、また、すでに投資を行っている人はいくらの金額を投資しているのかを□に数字を埋めてみてください。そして、投資したいと考えている資産、またはすでに投資している資産を図表1−3から選択し、その数字を△に入れてみましょう。

そして、□ × △ ＝■の計算をしてください。この■の金額は、あなたの顧客が投資をするうえで損失が生じた場合に、大きく見積もってどれくらいになる可能性があるかを示しています。

図表1−4に示すように、「投資で損失する可能性の大きさ」は「投資する対象のリスクの大きさ」を数字で示すことができれば、上記のような簡単な式で計算することができるのです。

特定の1つの資産だけでなく、複数の資産に投資している人

図表1－3　投資する対象のリスクの大きさ　　　　（単位：％）

	債　　券	株　　式	リート
日　　本	5	50	60
外　　国	20（ハイイールド45）	60	70
新　興　国	30	70	－
複数資産	（安定型25）	35	（積極型45）

(注)　三菱アセット・ブレインズのデータより算出。

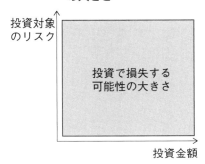

図表1－4　投資で損失する可能性
　　　　の大きさ

　も、先ほどの計算式で複数計算して、その金額を合計してみてください。これは、あなたの顧客が投資をして、最大の損失が生じる可能性の大きさをざっくりと計算したものです。

　それぞれの資産に「投資する対象のリスクの大きさ（△部分)」として図表1－3を参照しながら数字を当てはめましたが、実はこの数字は、リーマンショック前後の価格下落の大きさ（最大下落率）を基本に、計算しやすいように5％刻みにし

たものです。リーマンショックは100年に1度といわれていますから、リスクをこれくらいの大きさでみておけば、ほとんどのリスクは反映されているはずです。そういう意味では、万が一のときの最大の損失可能性といえるかもしれません。価格変動（下落）のリスクをこれくらいの大きさで想定しておけば、生命保険でいえば1億円を掛けているようなものです。

　どうでしょう？　あなたがイメージした金額と近いものでしたか？　リスクをかなり大きめに見積もったものではありますが、計算した結果、想像していたよりも大きな金額になったのであれば、いま一度、投資金額について見直してみるべきでしょう。また、こういう人は、本書をぜひ読んでいただきたい人でもあります。

　投資は利益を得るために行うものなので、顧客にとっても損失のリスクはあまり直視したくないものです。「損失を考えながら投資をするなんて、聞いたことがない」という人もいるかもしれません。でも、これを把握しておくことは非常に大切なことなのです。それは、投資は不確実性の塊（かたまり）だからです。不確実なものにおいては、リスクもリターンも正確に予測することはできませんし、そこに厳密な正確さを求めてもあまり意味がありません。ざっくりとした数字でも、その大きさを把握しておくことが大切です。リスク認識を共有することによって、長い目でみて、顧客との信頼関係をさらに深めることができるのです。

3 投資のリスクは地震のようなもの 大切なのは地震への備え

　人生に大きな影響を与える不確実性に対しては社会保障や保険によって身を守る手段があります。自動車保険を考えてみてください。自動車社会で必ず避けることができない交通事故に対して、万が一事故に遭った場合には、強制加入の公的な自賠責保険があります。それに加えて人身事故などに応じた民間保険に加入するのが一般的でしょう。確率的に発生する可能性があり、それが人生に大きな影響を与える事象に関しては、現代社会では社会保障制度をはじめ、さまざまなセーフティネットが整備され、保険などを利用することでリスクが発生した場合に備え身を守る手段があります。

　また、夜道は事故に遭う可能性が高いので、人は用心して歩きます。これは、リスクが大きいことを察知して、身を守る行動をとっているのです。このようにして、私たちは普段の生活のなかで、人生のリスクを抑え遠ざけるように行動しています。

　一方で、投資については保険を掛けることはできません。リスクはすべて自分で負わなければなりません。また、「夜道は気をつけて歩く」といったような、日常生活のなかで身についているリスクへの察知やリスク回避の行動も、投資についての知識や経験が少なければ対応できません。加えて、投資におけるリスクは地震のようなもので、予測がむずかしいものでもあ

図表1−5 リスクに備える必要性

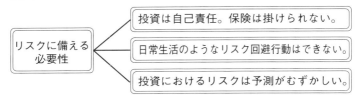

ります。これらのことから、リスクに対しては、用心深く、自分で身を守るしかないのです（図表1−5参照）。逆にいえば、これらのことを理解して、リスクから目を背けずに、しっかりとした対処さえしておけばよいことになります。

プロでも正確な予測がむずかしい価格の変動を、個人が正確に予測できることを前提に考えるのは無理があります。個人が投資するには、かなり大きめのリスク（損失可能性）を考えておくくらいでちょうどよいのです。それを前提にしておけば、万が一、想定もしていなかったような出来事が起こり、それに伴い、思いもしなかった価格の動きが生じても、最悪の事態を回避することができるからです。投資をして豊かな老後を過ごそうと思っていたのに、老後の資金がなくなってしまった、なんていうことになったら、本末転倒ですよね。この10年間を振り返ってみてください。リーマンショック、ギリシャに端を発したユーロ危機、アラブの春、ロシアによるウクライナ介入、シリア難民問題、原油価格の急落、中国景気の急減速。まさに、次に何が起こるのか予想すらできない状況が続いています。この10年間が特別だったわけではなく、いつの時代でもさ

まざまな予想外の出来事が起こっています。ですから、個人はこれくらいの余裕をもって投資を行うくらいでちょうどよいのです。

　地震を考えてみてください。東日本大震災では、過去の貞観地震（869年）による津波への警告が専門家によって発せられていたにもかかわらず、備えを怠ったために原子力発電施設が被害を受け、取り返しのつかない事態となりました。その経験と反省から、数百年に１度といわれている南海トラフ地震への備えがさまざまなかたちで進められています。投資においても地震と似たようなところがあります。地震の発生を予測するのがむずかしいのと同じように、投資対象である株式の価格や為替レートの動きを予想することはむずかしいものです。「上がるのか下がるのか」に加えて、「いつ」「どれくらいの大きさ」で動くのかを予測することはできません。でも、一定期間でみれば、経験則からある程度の推測をすることができます。株式は10年に１回程度の頻度で、２割ぐらいの下落に見舞われることがあります。特定の時期は予測できなくても一定の期間でみれば高い確率で通常の範囲を超えた価格変動（下落）が発生することは予見できるのです。そのための対処法として、前もって大きめのリスク（地震）を想定して行動しておけば、大きな損失を被る可能性を抑えることができます。先ほどのリーマンショック時を想定した「投資する対象のリスク」は、地震でいえば東日本大震災や関東大震災クラス、今後発生が予想されている南海トラフ地震のレベルです。これくらいの地震に備えて

図表1-6　価格の動きは予測できないからリスクに備える

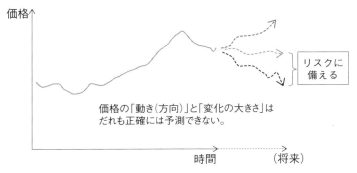

おけば「備えあれば憂いなし」ではないでしょうか（図表1-6参照）。

> ✓ 投資することによる損失可能性の大きさは把握しておいたほうがよい。できれば、大きめのリスクを前提に考えておいたほうが賢明。

　大きな地震（＝リーマンショックのような大きな価格下落）までは想定しなくてよいと考える人は、価格変動（下落）の可能性の数字を割り引いて用います。そのことについても、後ほどお話しすることにしましょう。

第 2 章

投資によって受け入れている
リスクとは？

本章では、あなたの顧客が投資によって受け入れるリスクの大きさについてみていきます。

1　顧客が受け入れるリスクの大きさのとらえ方を知ろう

　まず、イメージをつかんでもらうために、簡単かつ極端な例を用いてお話ししましょう。「日本の国債」「社債なども含めた日本の債券全般」「日本の株式」に500万円投資すると仮定した3ケースにおける、それぞれのリスクの大きさの違いを比較してみます。ここでリスクとは、「価格が変動（下落）することで損失が生じる可能性」とします。専門的にいえば、リスクはこれだけとは限りません。広義では、投資をしたものの換金が容易かどうか（流動性）などもリスクとみなす場合もありますが、本書では、最も影響が大きく関心が高い価格の変動に焦点を当ててお話ししていきます。

１　日本国債に500万円投資した場合のリスクの大きさ

　では、まず日本の国債に投資をしたケースのリスクの大きさはいくらでしょうか？　答えは「限りなくゼロ」です。債券は、満期まで保有すれば元本が戻ってくる仕組みが基本です。ですから、満期まで保有することができて、かつ、債券を発行している機関（この場合は国）がきちんと支払に応じてくれるならば、最終的な元本回収のリスクはありません。長期の債券

を購入した場合に、投資したタイミングよりも金利が上昇すれば一時的に価格が下がることによる「評価損」の状態になることもありますが、満期まで保有すれば元本に戻ります。これを先ほどの式に当てはめるならば、以下のようになります。

　500万円×０％＝０万円

　※正確には、日本のデフォルト・リスクを示すCDS（クレジット・デフォルト・スワップ）のレートを適用すべきでしょうが、ここでは話が複雑になるので割愛します。

　将来的に日本の財政が破綻するのであれば話は別ですが、先進国でA格付を有する自国の国債は、いまのところ、まず安全な部類に入ります。

❷　社債なども含めた日本の債券全般に500万円投資した場合のリスクの大きさ

　２つ目のケースとして、日本の「国債」ではなく、企業が発行した社債なども含めた「債券全般」に投資した場合を考えてみましょう。このケースでは、国とは違って企業には信用リスク（企業の業績や事業環境が悪化することで返済ができなくなるといったリスク）が生じますので、投資対象のリスクはゼロではありません。図表１－３に示したとおり、リーマンショック時の最大価格下落率は約５％になります。東日本大震災における東京電力や、原油高で苦しんだ日本航空、粉飾決算が発覚したオリンパスや東芝など、企業の返済が滞ることへの不安が高まる可能性はゼロではありません。仮に、投資信託を通じて債券

図表2-1　日本の債券に投資した場合に受け入れるリスクの大きさ

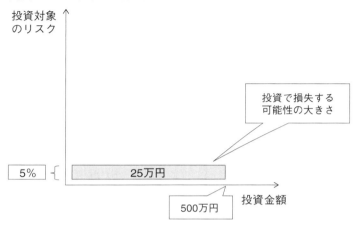

の幅広い銘柄に投資をした場合には次のようになります。

　500万円×5％＝25万円

　これも比較的小さい金額です。図表2-1に示すように、自国の格付が高い債券で、多くの企業に分散して投資をした場合も、それほどリスクは大きくありません。

3　日本株式に500万円投資した場合のリスクの大きさ

　一方で、日本株式に500万円を投資したケースはどうでしょうか？　ここでも、図表1-3に示した、リーマンショック時の最大価格下落率の数値を用いてみましょう。

　500万円×50％＝250万円

　このように、投資する資産によってリスク（価格下落の可能

図表2-2　日本の株式に投資した場合に受け入れるリスクの大きさ

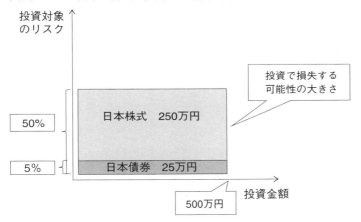

性)の大きさは違ってきます。そのため、同じ金額(ここでは500万円)を投資したとしても、あなたの顧客がその投資によって受け入れるリスクの大きさは違ってくるのです(図表2-2参照)。

　これ以外の切り口で見積もっても、日本株式のリスクの大きさは大きく見積もって50％程度になります。不思議なようですが、日経平均株価が2万円程度であれば、この程度が最大リスクでしょう。たとえば過去30年間の日経平均株価の安値は8,000円前後で、現在の水準よりも50％程度低い水準であること、また、日本証券取引所に上場している日本株式全体の企業価値は、現在の40％程度下の水準にあるからです。株式投資は、個別企業でみると倒産すれば紙くず同然になりますが、数千社もある上場企業全体でみれば、戦争でも起こらない限りは

ゼロにはなりません。企業価値は底値のメドとなります。

　日本株式の損失可能性（リスク）を50％とみることについて、一部の人からは「損失の可能性をこれだけ大きく見積もるのは、だれだってできる」という指摘を受けるかもしれません。また、「そんな大きな数字を投資したことのない個人顧客に話したら、絶対に投資勧誘なんてできない」という反応もあるでしょう。でも、考えてみてください。バブル崩壊後や小泉政権後に50％価格が下落したときは、想定していなかったために「こんなはずではなかった」と嘆き、逆にその可能性を事前に示そうとすると「そんなことをいったら最後、だれもが投資に拒絶反応を起こす」というふうに思考停止をしてしまうわけです。これでは本末転倒です。

> ✓ 投資する対象によってリスクは違うため、同じ金額を投資しても、顧客が受け入れるリスクの大きさは異なる。

　普段の生活でも、はっきりと見通せないことについては、控えめに見積もりますよね。エステや結婚式の費用が広告に掲載されている金額だけですむと思っている人はだれもいません。行き方をよく知らない目的地に向かう場合には余裕をみて早めに出発します。夜道を歩く場合は見通しが悪いので気をつけます。よく知らないことや、見通せないことについて保守的に行動するのは、当たり前の行動です。ましてや投資はお金に関することですから、慎重に見積もるくらいでちょうどいいと筆者

は考えます。

　実は、投資は怖いとおそれてすべてを預金にしている人も、リスクの大きさがみえてくると投資に参加する人が増えてくると思うのです。それは自分で判断できる余地が増えるからです。そういう意味では、損失可能性のリスクをわかりやすく目にみえるかたちで示すことが、個人が投資を行ううえで大切になってきます。競馬やパチンコ、宝くじは、当たれば大きいのですが損失可能性もきわめて大きいため、はじめから損失してもよい金額で行います。これは損失可能性の大きさ（損失可能性はほぼ100％）がみえているのです。まったく同じとはいいませんが、投資も、損失可能性を知っておいたほうが適正な投資ができるのです。

2　投資リスクの大きさは、顧客の知識や経験によって変わる

　投資には、（能力ではなくて）知識や経験が少ない人と、そうではない人がいます。資産形成に向けて投資を行おうとしている人は、圧倒的に前者が多いでしょう。これは致し方ないことです。いままで、学校ではお金に関する教育を受ける機会がほとんどなく、社会人になっても、自ら進んで理解を深めようとしない限り、その機会を得ることはないからです。そして、無理に投資をしなくても生活に支障はないため、必要性もありませんでした。金融教育の重要性が広く認識されてきたことによ

り、こういった環境は変わりつつありますが、現在ではどうしてもそういったギャップは存在します。

　では、投資の知識や経験が少ないけれど、会社が確定拠出年金（DC）制度を導入したので資産形成を意識したような人や、年金が目減りするとか株価がアベノミクスで大きく上がったから自分も投資を行おうとする個人と、投資に対する経験値が高い人では何が違うのでしょう？　そこにはプロと素人くらいの違いがありますが、そのなかでも最も違うこと、それはリスク（価格下落の可能性）に対する姿勢です。これは、「リスクを理解しているか理解していないか」と、「リスクをコントロールしようとすることができるのかできないのか」という２つの違いに表れます。

　投資になじんでいる人は、価格変動などのリスクに対する感覚を持ち合わせています。株式や為替による短期売買を行っている人が、投資におけるリスクの意味合いを理解しているのかどうかは微妙ですが、そういう人でもリスクの何たるかを肌感覚で感じ取っているはずです。短期売買や投機ではなく長期投資を行っている人や現実にリーマンショックを経験したことがある人は、リスクとはどのようなものかを知っています。

　一方で、投資をしたことがない人や理解が浅い人にとっては、「投資のリスクは安定しているものではなく、あるときは想定以上の大きさとなって現れること」への理解や、「株式であればこれくらいの価格の変動はありうる」という感覚が弱いのです。

☑ 投資の知識や経験が少ない人と投資の経験値が高い人では、価格変動のリスクに対する肌感覚が違う。

　また、投資に慣れている人は、リスクを感じ取って危険を察知すると、残高を減らすなどの対応を行おうとします。この判断が結果的にうまくいくとは限りませんが、そういう行動をとることに慣れています。しかし一方で、知識や経験が少ない個人はそういった立ち回りはできませんし、できることを前提に考えるべきではありません。特に、資産形成に向けて長期での投資をしているのであれば、頻繁にタイミングよく売買を行うことは前提にせず、長い期間にわたり投資し続けるでしょう。これは、長期におけるリスクをそのまま受け入れることにほかなりません。長期で投資をするということは、利益をあげる可能性も高くなりますが、それに伴いリスクも必然的に大きくなります。

☑ 投資の知識や経験が少ない人と投資の経験値が高い人では、リスクに対して受け身かそうでないのかの違いがある。

　「長期投資はリスクが抑えられる」という表現をよく使いますが、ある程度の素養がなければその本当の意味は理解できません。長期に投資をすれば、短期よりも確実にトータルでの価格変動のリスクは大きくなります。たとえば、バブル崩壊後に1年で投資をやめておけば20％の損失ですんだものが、5年間

投資したせいで50％を超える損失を被りました。このように、期間が長くなるほど、大きく利益が出る可能性も、大きく損失が生じる可能性も高まります。

「長期投資はリスクが抑えられる」ことの一般的な用い方は、1年などの短期でみれば価格は大きく変動することもあるけれど、長く投資すれば（価格の変動が緩やかな時期もあるので）、1年当り（これを「年率換算」といいます）の価格変動は統計的に小さくなるというものです。図表2－3に示したように、たとえば、最初の年に10％下落し、次の年に2％上昇し、3年目に7％下落したとします。これは3年間を通して累積すると約15％の下落です。ただし、価格変動という意味では、単年では10％の年もある一方で2％の年もあるので、3年間でならせば平均5％です。これをもって「長期投資は（価格変動の）リスクが抑えられる」と表現しているのです。このケースでは、1年でやめておけば10％の損失ですんだのが、3年間投資

図表2－3　長期投資におけるリスクの平準化

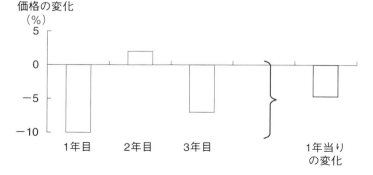

した結果、15％に損失がふくらみました。

　もちろん、長期に投資をすることで、その投資対象に潜在的に期待できるリターンを得る可能性も高まります。ただし、デフレ期の日本株式が長期間にわたり価格が低迷したように、リターンへの期待が確実ではないことには留意が必要です。

　では、投資のリスクへの理解が浅く、うまく立ち回る（リスクをコントロールする）ことが向いていない個人は、リスクをどのように抑えればよいのでしょうか？　それは、大きめのリスクを想定するという保守的な姿勢が、最も安全に身を守ることができる方法です。

　海との付き合い方にたとえてみましょう。漁師は、海の波が不規則なことを知っています。また、天候によってどれくらい変化するのかも肌感覚で理解しています。ですから、天候と波の大きさをある程度考えながら、漁に出るかどうか判断します。しかし、経験の少ない個人は、台風が近づいているときに釣りや海水浴などをして、毎年のように人が流されます。そのほとんどが地元の人ではなく遠方から来た人です。

　釣りをしている人は、突然の大波になすすべもなくさらわれます。この波こそがリスクです。投資における波（リスク）については、天気予報もなければ、台風が近づいているかどうかといった正確な情報もありません。特に素人が波（リスク）の大きさを予測することはとてもむずかしいものです。こういう人にとって、危険を回避するには、大きめの波（リスク）が来るかもしれないことを想定して、岩場からより遠くに離れるの

が賢明です。

　投資をまったくしない人は、海は危険だから近寄らないほうがよいという立場です。でも、それでは海の恵みであるタイやヒラメは手にできませんよね。危険を冒して釣りをするのではなく、大漁は望まなくても堅実な釣りを行えば、危険（リスク）を抑えて海の恵み（リターン）を得ることも可能なのです。

✓　知識や経験が少ない個人は、リスクを受け入れることを前提に、大きめのリスクを想定しておくほうがよい（図表２－４参照）。

　逆に、投資をよく知っている人はあえて大きめのリスクを適用する必要はありません。自分に適した水準で考えればよいの

図表２－４　投資の知識・経験と想定するリスクの大きさのイメージ

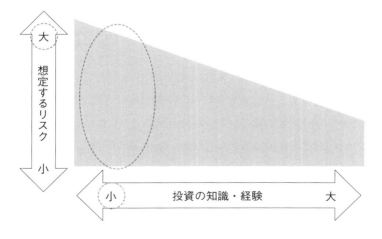

です。このようにみてくると、投資の知識や経験の違いによって、適用するリスクの大きさは変わってくるということもできます。個人でも、ある程度理解が進めば、無理に過度なリスクを前提にしなくてもよいでしょう。要は、顧客のレベルにあった投資を意識することが大切なのです。具体的なリスク水準の考え方についても、目論見書など実際に確認できるものを用いながら、後ほど詳しく説明します。

3 「こんなはずではなかった」には2つの理由が含まれている

投資に関してよく耳にする、「こんなはずではなかった……」。実はこの嘆きには2つの意味が含まれています。それは、「こんなに損するとは思わなかった」という、投資した価格の「想定外の動き」に対する反応と、その損失によって「自分のお金がこんなに減ることは考えていなかった」という自分の人生設計や生活からみた「想定外の影響の大きさ」への気づきがあわさっているのです。

たとえば、日本株式に500万円を投資していて、株価が20％下がれば100万円の損失になりますよね。ここで、100万円の損失を「こんなはずではなかった」と受け止めるのであれば、「株価の20％の下げを想定していたのか？」「自分のお金のうち500万円も投資をしていてよかったのか？」という2点が問題になります。株価の下落が20％ではなく5％であれば、25万円

の損失で抑えることができていました。また、投資金額が500万円ではなく100万円だったならば、損失は20万円ですんでいたのです。世間一般でよく耳にする、投資をして「こんなはずではなかった」という声は、これら2つのどちらか、もしくは両方からくる反応なのです。逆にいえば、事前にこの点について確認しておけば「こんなはずではなかった」を防ぐことや小さく抑えることができたといえます。

　これは、個人が投資する際に考えるべき2つの重要な側面を表しています。すなわち、「投資した資産や商品の価格の動き」についての理解、そして、「投資する金額をどれくらいにすべきか」についての認識、この双方への思慮が必要だということです（図表2－5参照）。投資において最も大切なことは、この2点をふまえて、何にどれくらいの投資をするのかを整理・確認することです。

図表2－5　「こんなはずではなかった」には、2つの理由がある

☑ 投資したものに対して、「どれくらいの損失リスクがあるか」「それは顧客の許容範囲か」ということを確認しておくことが大切。

　一般的に、投資をする際には、投資する対象のどういった点が魅力なのか、そしてどれくらいの利益を得ることができそうなのかということに思いをめぐらせますよね。投資信託などの投資商品を販売する担当者もそのような話をすることでしょう。そんなときに、最初から損失の話をしたくはないはずです。また、よほど親身になってくれる担当者でない限り、説明が義務づけられているリスクについての説明はあっても、積極的に損失についての話はしないはずです。さらにいえば、残念ながら、セールスやアドバイスをする側でもそこまでの人材は豊富には育っていません。むしろ、そういう話ができる担当者やアドバイザーがいれば大切にすべきです。

　投資も人生も、自分の身は自分で守らなければなりません。できれば顧客自身がざっくりとでもいいので、リスクの大きさを把握する方法をぜひとも身につけてもらいたいです。でも、個人の多くはそこまでの知識を身につけていません。ですから、投資商品の販売担当者や投資アドバイスをする立場の人は、ぜひとも理解を深めていただきたいポイントの1つなのです。

第 3 章

どれくらいの投資が適正なの？

本章では、投資における適正なお金の配分とはどういうことなのか、その考え方についてみていきます。

1　どれくらいの損失までは耐えられるか

投資は利益をあげるために行うものです。でも、それとともに損失が生じる可能性も併せ持っています。当たり前の話ですが、価格が上がれば利益になり、価格が下がれば損失になります。この利益と損失は、リスクという観点からみれば裏腹の関係にあります。リスクは一般的に価格変動の大きさを基準として考えるからです。そのため、日本企業の株式に投資をするような大きな利益を目指すと、必然的に大きな損失を生じる可能性が同じだけ高くなります。一方で、日本の債券に投資をすれば信頼性も高く価格変動も小さいために、金利利息が少ない半面、損をする可能性も小さくなります（図表3－1参照）。

仮に、リーマンショック時のように、日本株式は日本債券の10倍の価格変動リスクがあったとしましょう。そうすると、図表3－2に示すように、株式に投資する金額の10倍のお金を日本債券に投資してはじめて、両方の投資によるそれぞれのリスクの大きさは同じになります。世間では一般に「投資をしてもよいかな」と考えるお金が投資に向いている金額と考えられがちですが、必ずしもそうではありません。適正な投資金額を確認するには、投資する対象が潜在的にもっている価格変動の大

図表3-1　リスクと期待リターンの関係

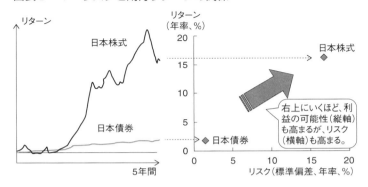

図表3-2　投資対象のリスクの大きさによって適正な投資金額は変わってくる

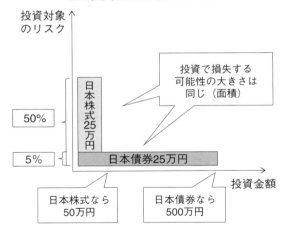

きさ（＝リスク）を考慮する必要があります。

　図表３－２の例では、日本債券に500万円投資することによる損失可能性と、日本株式に50万円投資することによる損失可能性は同じく25万円になります。

　　日本債券：500万円×５％＝25万円
　　日本株式：50万円×50％＝25万円

　このように、どれくらいの投資を行うのかが適正なのかについては、投資対象（のリスクの大きさ）によって変わってくるのです。

> ✓ 適正な投資金額を確認するには、投資する対象が潜在的にもっている価格変動の大きさ（＝リスク）を考慮する必要がある。

　これは、投資にまわすお金の大きさやその割合を定めれば、どのような投資対象であれば、どれくらいのリスクを受け入れているのかを確認できることを意味します。投資の教科書やネットの記事などで、「若い人は、資産形成を考えるのであれば、長期間でリスクをとることができるので、貯蓄にまわすお金の３分の１程度は株式など成長性が高い（＝リスクも高い）資産への投資を考えましょう」とか「株式投資の割合は『100－年齢』を目安にするとよい」ということをうたっているものをみかけます。この考えにも一理はあるのですが、それによって、どれくらいのリスクを受け入れているのかを把握することが大切なのです。

シンキング・タイム１

　では、あなたの顧客が、お金の３分の１を資産形成のために日本株式に投資したケースで、顧客がお金全体のなかで受け入れているリスクの大きさ（割合）を考えてみましょう。日本株式の損失可能性の大きさ（リスク）は最大50％とします。

【質問１】　あなたの顧客がお金全体のなかで受け入れているリスクの割合はいくら（％）ですか？

【質問２】　この【質問１】で確認した数字（割合）が意味していることを、自分の言葉で説明できますか？　すらすらと説明できるのであれば、あなたは投資のリスクに関して十分に理解しているといえるでしょう。

【質問１】の答え

　先ほどのリスクの大きさを計算する式に当てはめれば、あなたの顧客がお金全体のなかで受け入れているリスクの大きさは、最大で次のようになります。

　　お金の３分の１×日本株式のリスク50％＝17％程度

　（図表３－３参照）

【質問２】の答え

　この「17％」という数字は、次のような意味をもっています。

　顧客が、貯蓄にまわすことができるお金の３分の１を日本株

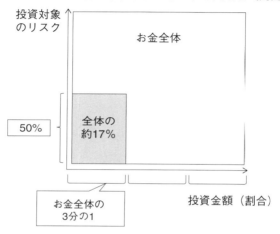

図表3-3　お金全体の3分の1を日本株式に投資した場合に受け入れるリスクの大きさ（割合）

式に投資したら、リーマンショックのようなことが起こった場合に、貯蓄全体の17％（＝およそ2割弱）程度の損失になる可能性があります。

　個人差はありますが、この数値が1〜2割の範囲内であれば、突発的な出来事が起こったとしても、あなたの顧客の人生計画において壊滅的な影響は避けることができるでしょう。たとえば、1,000万円の貯蓄がある人が200万円の損失を被っても、残り800万円あればなんとかなるはずです。でも、1,000万円のうち半分の500万円の損をすると、人生計画が大きく狂ってしまう可能性もあります。このように考えると、程度の差こそあれ、個人は自分のお金全体の1〜2割程度の損失可能性に

抑えておいてもよいのではないかと考えます。

では、先ほどの例、「若いうちはお金の3分の1程度を投資にまわしたほうがよい」という考えを用いて、日本株式よりもかなりリスクの小さい日本の債券に当てはめてみましょう。さて、どうなるでしょう？ もうみなさんであればおわかりですね。

　　お金の3分の1×日本債券のリスク5％＝2％程度

（図表3－4参照）

顧客が、貯蓄のうち3分の2を預金にして残り3分の1を日本の債券に投資していれば、リーマンショックのようなことが生じても、貯蓄全体からみれば2％程度しか価格下落の影響を

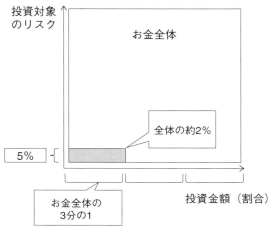

図表3－4　お金全体の3分の1を日本債券に投資した場合に受け入れるリスクの大きさ（割合）

第3章　どれくらいの投資が適正なの？　35

受けないことになります。

このように、貯蓄のうちから同じだけの割合（上記の例では3分の1）でお金を投資にまわしたとしても、投資する対象によって、顧客が受け入れるリスクはまったく違ってくるのです。

先ほども触れたように、筆者は、お金全体からみた損失の可能性を、できれば1割以下、大きくても2割程度に抑えるのが個人の投資においては適していると考えています。それは、個人は何かあったときに適切に対処することがむずかしいからです。そして、投資は自己責任である以上、何かあったときにも顧客の人生設計（マネープラン）が困らないような範囲内で投資をすべきだからです（図表3－5参照）。

逆にいちばんよくないこと、筆者が最も心配していること

図表3－5　受け入れるリスクの大きさを人生設計の許容範囲に抑える

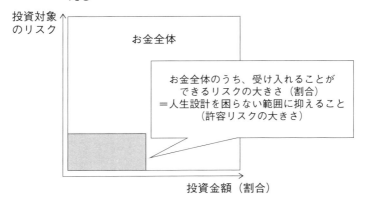

は、個人が投資をする際に、どれくらいのリスクを負っているのかどうかを具体的な数字として把握していないケースがものすごく多いということです。個別企業の株式に積極的に投資をするような人は、細かい計算までしなくても、リスクの大きさについては肌感覚で理解できているはずですが、初めて投資信託を購入するような人は、具体的なリスクまでは確認していない場合がほとんどです。また、投資信託などの投資商品を販売する際にはリスクの説明は義務づけられていますが、具体的なリスクの大きさまで踏み込んで説明する義務までは現在のところありません。そのため、個人顧客は「どういうリスクがありますか」ということについて抽象的・定性的な説明を受けたとしても、ここまでにお話ししてきたような具体的なリスクの大きさの把握はできません。ですから、投資商品を販売する人や資産形成のアドバイスをする人は、ぜひ本書を通じて、個人がリスクの大きさを確認するすべを身につけていただきたいのです。

2　適正な投資金額は逆算できる

　では、これまでのことを用いて、「自分が受け入れることができる損失の上限を定めることで、どれくらいのお金を投資にまわすことができるのか」について考えてみることにしましょう。自分が受け入れることができる損失の大きさを一般的には

「許容リスク」といいます。たとえば、1,000万円の蓄えがある人が、50万円までの損失可能性を受け入れることができるのであれば、「50万円」がその人の許容リスクの大きさです。蓄え全体に対する割合でみれば、「50万円÷1,000万円＝5％」となります。許容リスクについての目安をもつことは大変に重要です。目安をもつことで、自分がどれくらいの金額を投資にまわすことができるのかを把握することが容易になるからです。

　筆者が思うに、日本の投資教育において大切なことの1つは、個人の許容リスクを把握させることです。その理由は、資産形成において投資を行うことと、自分のライフプランやマネープランを両立させるための接点が許容リスクの把握だからです。

　このことについて簡単に説明しておきましょう。投資は収益を目指すものですが、投資対象の価格が変動することで自分のお金は増減します。つまり、投資にまわしたお金は、蓄えただけほぼ着実に増えていく貯蓄から、価値が変動してしまうお金に変わります。一方で、ライフプランやマネープランの見地からは、長期的なお金の計画を立てることがその目的です。人生の将来的なステージを想定して、お金をどのように計画的に管理していくのかを考えるのがライフプランやマネープランです。その基本には計画性という考えがあります。

　どうでしょう？　投資にまわしたお金は変動して不確実になりますが、ライフプランやマネープランは人生におけるお金の計画を立てることです。不確実性と計画性は容易には相いれる

ことができないものです。ここに、ライフプランやマネープランにおいて、資産形成における投資をどのように整理するのかのむずかしさがあります。

その課題を解決するのは、自分の許容リスクを把握することにあります。自分の人生に支障をきたさないお金の大きさが把握できれば、人生設計の計画性を大きく損なうことなく、投資による資産形成に励むことができるからです（図表3－6参照）。

ここで気をつけないといけないことは、投資してもいいと思ったお金を許容リスクととらえがちですが、そうではなくて、投資によって損失の可能性を受け入れることができる金額が許容リスクなのです。たとえば500万円を投資してもいいと思った人がいたとして、大切なことは、そのうちどれだけの損失に耐えられるのかということです。これが25万円なのか50万円な

図表3－6　人生設計を損なわない範囲で行う投資とは

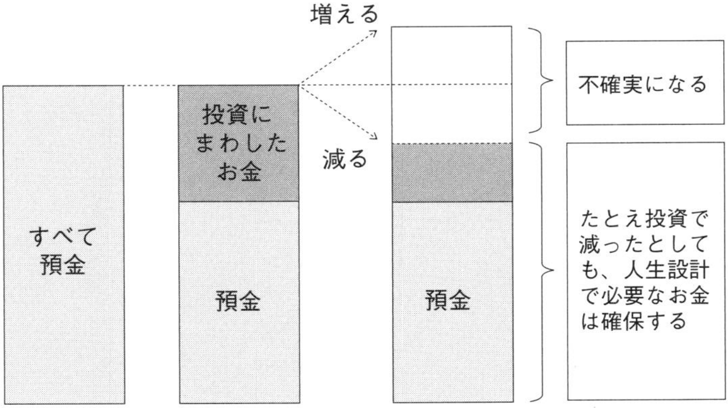

のか、はたまた100万円なのかによって、実際に投資できる対象は変わってくるのです。

　ただし、このことを理解し、自分の許容リスクを自分で整理・確認するには相当程度の金融リテラシーが必要となります。

　そのためにも、FPや金融機関で資産形成のアドバイスを行う立場にある人は、顧客の立場に立って、これらを意識することが大切であり、それがライフプランやマネープランに即した資産形成への促進につながるのです。

☑ **資産形成において投資に励むことと、ライフプランやマネープランを両立させるための接点が、許容リスクの把握である。**

☑ **許容リスクは投資における大切な考えの1つ。わからなければ、お金全体の1〜2割程度にしておけば無難（数字が小さいほど許容リスク（の割合）は小さい。すなわち、リスクを受け入れないということ）。**

> ### シンキング・タイム２
>
> 　仮に、損失の可能性（許容リスクの大きさ）を貯蓄全体の最大20％にすると、日本株式（リスクの大きさが最大で50％）にはどれくらい投資できるのか逆算してみましょう。
> 　計算すると、顧客のお金の40％までは日本株式に投資ができることになります。みなさんは計算できますか？この問題がさっと解けた人はリスクを把握している人です。

【答え】

　では計算式を示しましょう。それほどむずかしいものではありません。

　　　許容リスク20％÷投資リスク50％＝40％（図表３－７参照）

「許容できるリスクの割合」を「投資する対象のリスク」で割れば、自分がもっているお金のうち、投資にまわすことができるお金の割合が算出できます。しかも、これは簡単に検算できます。

　お金の40％を日本株式に投資した人が、まさかのまさかで株価がリーマンショック時のように50％下落したケースで考えてみましょう。この場合、この人はお金の40％に対して50％の損失を被るので、40％×50％＝20％、つまり、お金全体からみれば20％の損失に相当します。

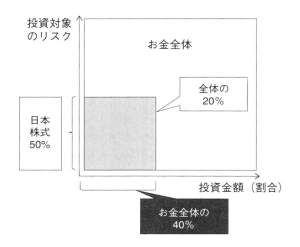

図表3-7 許容リスク20%で投資リスク50%の対象に投資できるお金の割合

　もう少し説明を加えておきましょう。先ほど、お金のうち3分の1を日本株式に投資した際に、どれくらいのリスクを受け入れたことになるのかについて、以下の式で計算しました。

　　お金の3分の1×日本株式のリスク50%＝17%程度

　この式のうち、右辺の17%(お金全体における許容リスクの割合)のところを20%として、お金の3分の1(お金のうち、投資にまわす金額の割合)のところをx分の1(またはx%)として式を解けば答えが出ます。

　　お金のx分の1(またはx%)×日本株式のリスク50%
　　＝20%程度

　このように考えれば、計算自体はそれほどむずかしいもので

はありません。大切なのは、顧客のお金全体のうちどれくらいの損失可能性を受け入れることができるのか（許容リスク、上記でいえばお金の3分の1など）を確認し、どういう対象に投資すればどれくらいの価格変動（下落）リスクがあるのか（投資対象のリスク、上記でいえば日本株式50％）を把握することです。損失可能性から目を背けず、むしろ直視することで、顧客のお金を守ることができるのです。

☑️ 「投資金額×投資対象のリスク＝顧客が受け入れるリスクの大きさ」

つまり、この3つの項目のうち2つを定めれば、残り1つの項目の答えは計算できることになります（図表3-8参照）。

ここまでは、顧客が貯蓄できるお金の何割を投資にまわすのかという「割合」でみてきました。でもこれは、お金の「割合」ではなくて、「金額」そのものでも同じことが計算できます。

たとえば、500万円を日本株式に投資した際の損失可能性は250万円になります。

　500万円×日本株式のリスク50％＝250万円

逆に、損失可能性を50万円に抑えたいのであれば、同じ式に金額を入れて計算すれば答えが出ます。

　●万円×日本株式のリスク50％＝50万円

●がいくらになるのかはもうおわかりですよね。そうです、100万円になります。損失を受け入れることができる大きさ（許容リスク）を、お金全体に対する割合で考えなくても、どれ

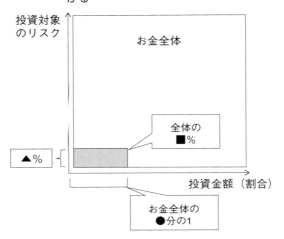

図表3-8　3項目のうち2つが決まれば残りはわかる

くらいの金額までであれば耐えられるのかという方法でも計算できます。顧客にあった方法で確認すればよいのです。若い人や積立で長期投資による資産形成を行う人は割合が適しているでしょう。また、退職金など具体的な金額で考えることが人生設計にフィットしている人は、金額で考えたほうがしっくりくるはずです。

　投資は、一般の個人にとって身近なものではありません。そのため、普段の生活に関することであれば、経験や知識に基づいて判断できる「バランス感覚」を投資には用いることができません。そのかわりに、リスクについてより慎重になるべきです。

☑ 投資を漠然とおそれて慎重になるのではなく、リスクをしっかりと把握する行為を慎重に行うこと。

第4章

あなたの顧客の大切なお金を守るために

本章では、あなたの顧客が受け入れているリスクの大きさについてみていきましょう。また、実際に投資するにあたっての費用の重要性について解説します。

1　投資のリスクを考えるのはなぜか？　それは顧客の人生を守るため

　最近は、低金利により銀行預金の利息がわずかしかつかないことが当たり前の時代になりました。個人投資の主体は、短期で頻繁に売買を繰り返す若者を除けば、退職後の高齢者が中心でしたが、老後への不安やNISAなど国の投資促進策の推進により、多くの人が資産形成を考えるようになってきました。また、なんといっても、アベノミクス以降の株高を目の当たりにしたことにより、投資に興味を示す人が増えてきています。

　いままで投資を行ってきた人も、これから初めて投資を行う人にとっても知っておくべきこと、それは「どれくらい儲かりそうか」ということと同時に、その投資によって「どれくらいの損失の可能性を抱えているのか」ということです。「儲ける＝利益をあげる」に越したことはありません。利益が出ることによってその後の人生が困ることはまずないでしょう。でも、その反対に投資で損失してしまうと、金額の大きさによっては、その後の人生設計に大きな支障をきたしてしまいます。だからこそ、「損失の可能性の大きさ」（もしくは、お金全体に対する割合）が大切なのです。

☑ 投資する際に大切なことは、損失の可能性を金額の大きさ（もしくは、金額に対する割合）として把握しておくこと。

　最近ではあまり聞かれなくなったのですが、「退職金を勧められるままに投資信託を購入して大損した」といった話を以前はよく耳にしました。もちろん、人間というものは、自分によいことがあったときはだんまりを決め込み、悪いことがあると他人に吹聴する傾向があるので、悪い話ほど尾ひれがついて広まる傾向があります。しかしそれを考慮したとしても、投資をして「こんなはずではなかった」と感じた個人も実際には相当数にのぼっていることでしょう。特に先頃までの日本のように、平成バブル以降のデフレ下で投資環境が厳しかったことを考えると、そういった反省や後悔をした人は多いはずです。投資はお金をふやすという目的で行うものですが、思ったようになるとは限らない、不確実なものでもあります。そのため、お金をふやすことを目指しながらも、人生設計を損なうような損失は避けるという、攻めと守りを同時に行うことが肝要なのです。

　これは、身近なスポーツにたとえれば、ゴルフでどういうクラブを選ぶのか、テニスなどのラケット競技でどういうガット（ストリング）の張り方をするのかに似ています。ゴルフは一定の距離に対して打数を少なく刻んでいくスポーツです。ドライバーで強く遠くに飛ばそうとすれば、距離は稼げますが正確性

は低くなります。5番アイアンを使うと、飛距離は中ぐらいになりますが正確性を高めることができます。投資において、飛距離は期待リターン、正確性のブレはそれに伴うリスクのようなものです。遠くまで飛距離(リターン)を目指せば、正確性のブレ(リスク)も大きくなります。ですから、ゴルフをプレーする際、初心者は比較的控えめにクラブを選びます。テニスのガットでも似たようなことがいえるでしょう。ガットを強く張れば強いショットを打つこと(大きなリターン)ができますが、ボールをコントロールする精度は落ちます(リスクは高まる)。初心者であれば強く張ることはしないでしょう。

　このように、「攻めと守りを意識して」自分にあった投資を行うことです。投資における守りは、いままでお話ししてきたように、「自分にとっての損失可能性の大きさ」の把握です。

　では、投資で不幸にも損失を被った人の多くはなぜ、「こんなはずではなかった」と嘆くことになるのでしょう？　投資商品についての金融機関の担当者の説明が不十分だったからでしょうか？　担当者に勧められた投資信託などの投資商品が、期待していたような価格の動きをしなかったからでしょうか？　それによって、得ることができると期待した利益を得ることができなかったからでしょうか？　その理由は「損失する可能性の大きさをしっかりと把握していなかった」からです。だから、損失が発生した場合には「こんなはずではなかった」という反応になるのです。

2 投資のコアとなるもの、大きなお金を預けるものこそ、リスクの把握が重要

　最近、個人の資産形成においては、コア・サテライトという考え方が主流になっています。この考え方は、平たくいえば、資産形成のために投資するお金の基本部分は比較的安定した資産で運用し（コア）、収益機会があると考える資産があればお金の一部をタイミングも考えて投資を行う（サテライト）というものです。

　たとえば、図表4－1に示すように、1,000万円あれば、800万円は比較的リスクを抑えた安定資産で運用し、200万円は高めの投資収益（リターン）をねらいリスクをとるといった具合です。

　これは、いままでの個人の投資において、まったく投資を行

図表4－1　コア・サテライトの資産形成における基本的な考え方

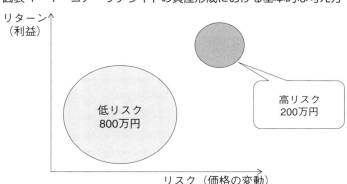

わない人がいる一方で、投資信託を買う際にはお金のほとんどすべてをリートやハイイールド債券に投資するなど、極端な投資行動が多かったことの適正化を図るものです。また、いままでは手数料稼ぎとみなされるような頻繁な売買が行われていたことへの反省という意味合いも含んでいます。頻繁に売買するのではなく、安定的な資産をコアとして長期投資することが望ましいというものです。これは大変に興味深い傾向です。

　日本証券業協会のアンケート調査によると、投資信託においては、1ファンドしか保有していない人が全体の46％を占めています。そして、図表4－2にみられるように、リートなど比較的リスクの高い資産への投資が大きな比重を占めています。こういったデータから推察されることは、比較的リスクの高い

図表4－2　日本の投資信託における主要資産の構成比

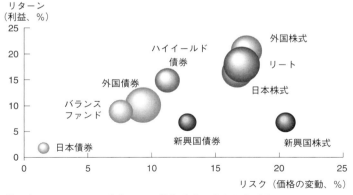

（注1）　図のバブルの大きさは、投資残高の大きさを示す。
（注2）　三菱アセット・ブレインズのデータより算出。

資産への投資の偏重です。また、公募販売されている投資信託の平均保有期間は２年程度と短く、長期投資よりも短期での売買が行われていることがわかります。

　コア・サテライトという考え方により、少なくとも、いままでのような特定の資産への偏重や過度なリスク配分、また、頻繁に投資商品の売買を繰り返すといった極端な投資行動よりは、望ましい方向に向かっているといえるでしょう。

　また、これは、預金に眠っているお金を投資に導くに際して、比較的リスクの安定している投資商品を提供するという意味もあります（図表４－３参照）。貯蓄から投資へという流れにおいて、いきなりリスクの高い投資商品を提案するのは顧客にとってもよくありません。比較的リスクを抑えた商品を提供し、それを中心に長期的な資産形成を図るという考えが正論で

図表４－３　預金から低リスクの投資資産へ

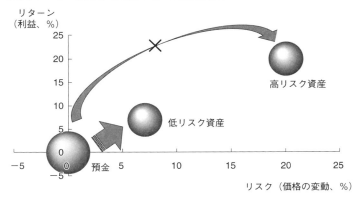

す。そういう意味では、正しい方向への動きであり、むしろ、いままでが極端だったのでしょう。

ただし、ここにも注意点があります。お金のコアの部分を安定した資産に投資するからといって、リスクを度外視して、すべてのお金を投資してよいというものではありません。どんな投資商品でもリスクはあり、それはリスクが大きいか小さいかといった程度の違いにすぎないのです。小さくてもリスクがあるのであれば、そのリスクに見合った適正な投資規模を考えることが賢明です。このことは、すでにみなさんも株式と債券の比較においてみてきました。この点を錯覚して、「多くの資産に分散して投資をすることで、安定した運用を目指します」とうたっている投資信託に、いままで預金にしていた1,000万円の大半をまわしてしまうということもあります。その前に確認すべきなのは、どれだけ安定していても、それによって顧客が受け入れるリスクの大きさです。

たとえば、金融機関において資産形成の業務に携わる担当者が、顧客に対して以下のような提案をしたとします。

「最近は経済環境もよくなったので、お客様が預金されている1,000万円のうち800万円は比較的安定しているといわれる投資信託のバランスファンドに、残りの200万円は高い金利利息が得られるインド債券に投資してみませんか？」

このときも、安定している投資部分も含めて、顧客が受け入れることになるリスクの大きさを確認すべきなのです。

シンキング・タイム3

【質問1】 あなたの顧客の預金1,000万円を、800万円は価格変動が安定している投資信託のバランスファンドに投資を行い、200万円は高い金利利息が得られるインド債券に投資する際に顧客が受け入れるリスクの大きさはどれくらいですか?

　リスクの大きさ
　価格変動が安定している投資信託・バランスファンドのリスク　25%
　高い金利利息が得られるインド債券のリスク　50%

【質問2】 顧客の蓄えが預金の1,000万円だけだった場合、【質問1】で計算した顧客が受け入れるリスクは、蓄え全体に対してどれくらいの影響がありますか?

【質問3】 もし、この例があなた自身だった場合、あなたはこの投資を行いますか?　また、あなたの顧客に対しては勧めますか?

【答え】

ここまで読み進めてきたみなさんであれば、比較的簡単な計算ですね。暗算でも解けるくらいです。質問1に対する、この時のリスクの大きさは300万円になります。

　800万円×25% + 200万円×50% = 300万円

価格の変動が大きいものはもちろんのこと、たとえ安定した

ものであっても、顧客自身にとってそれなりに大きな金額を投資するのであれば、その投資によって受け入れることになるリスクの大きさを把握するように努めるべきです。

質問2ですが、この300万円は、顧客の蓄え1,000万円に対しては30％に相当します。

　300万円÷1,000万円＝30％

質問3に対しては、正解は1つではありません。30％という数字があなたやあなたの顧客の許容範囲であれば、問題ないといえるでしょう。でも、人によっては「影響が大きすぎる」と感じるかもしれません。リスクの許容度は個人の考えや事情によってまちまちだからです。筆者であれば、30％は2割以上なので、もう少し金額を減らすでしょう。また、顧客に対してはその旨を説明します。

このように、コアの部分は低リスクであっても、お金のほとんどを投資にまわすケースでは、お金全体に対するリスクの影響も高まります。

3　費用は税金のように確実にとられ、シロアリのように投資したお金を蝕む

大きな金額を預けるものには、もう1つ大切なポイントがあります。それは、いままでは触れてこなかったのですが、「費用（コスト）」の問題です。

多くの人は、よほどのことがない限り、お金のうちの大切な

部分は預金に置いています。でも、ここまで預金金利が低下してくると、「安定した投資であれば、銀行預金よりは利息がつくから投資してみよう」という人もかなり増えてきています。手元にまとまったお金がなかった人も、最近では、相続によって急に大金を譲り受けた場合に、こういった行動がみられるようです。

　いままで預金に置いていたお金や、相続などで得たまとまったお金を、比較的安定した投資にまわす際に必ず確認したいのが「手数料などの費用」です。相続で投資信託を引き継いだ場合にも同じことがいえます。預金は目にみえるかたちでの費用は掛かりませんが、投資商品ではほとんどの場合に費用が掛かります。特に、個人が投資商品として活用する投資信託は、多くのメリットがある半面で費用（コスト）が比較的高いといわれています。

　高い利益を目指す投資では、価格の変動のほうが費用の影響よりも大きいため、結果として費用の影響は相対的に小さくなります。その反対に、安定した投資を行うのであれば、価格変動も小さく利益を得る可能性も小さいのですが、それに対する費用の影響は相対的に大きくなる傾向があります。ですから、リスクを抑えた投資商品にお金をまわす場合には特に、費用についてもよくよく考えておくべきです。

　費用とリスク・リターンの関係について例示すると、以下のようなイメージです（図表4－4参照）。

図表4－4 費用とリスク・リターンの関係（イメージ図）

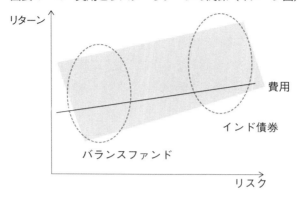

【価格変動が安定している投資信託バランスファンド】
金利・配当1.5％、価格変動のリスク25％、費用：買付け時2％、毎年の管理費用1.5％

【高い金利利息が得られるインド債券】
金利8％、価格変動のリスク50％、費用：買付け時3％、毎年の管理費用2.5％

　価格変動が安定している投資商品は、金利利息など確実に得られる可能性に対して費用の影響が大きくなりがちです。特に最近では、日本の金利が大きく低下しているので、安定した投資での収益源である債券の金利利息は小さくなっています。その一方で、費用はほとんど低下していません。そのため、費用の影響がさらに大きくなっているのです。たとえば、アベノミクス前の国債金利はデフレ時期ではありましたが1％に近い水準でした。しかし2016年初めでは0％を下回って過去最低水準

図表4-5　日本国債の金利の推移

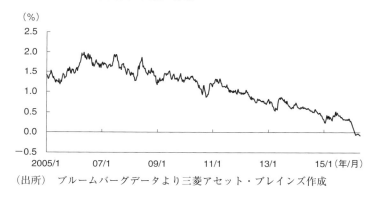

（出所）　ブルームバーグデータより三菱アセット・ブレインズ作成

です（図表4-5参照）。これでは債券の金利利息では費用すら補えません。従来のバランスファンドのメリットは、複数の資産に投資することにより、価格が相対的に安定している債券も組み入れているので、全体の価格変動が抑えられるとともに、債券から安定した金利利息が得られました。ところが、この金利利息部分が大きく低下してしまいました。これにより、確実に得られる債券金利が価格変動のバッファーとなっていた効果が小さくなってきたのです。たとえば、債券金利が3％あれば10年保有していれば30％の金利利息が入りますが、それを得ることができなくなります。このように、債券を組み入れることによる効果は、価格変動を抑える効果はあっても、金利利息から得られる効果は大きく低下しているのです。

　また、リスクは地震のように不確実なものですが、費用は税金のように確実に掛かります。そのため、10年間程度の長い期

間でみれば無視できないくらいに大きくなります。しかも、費用は投資信託のなかから支払われるため、つい軽んじてしまいます。投資商品にもよりますが、安定的な運用をうたっているもののなかにも、実質的には2％を超える費用が毎年掛かるものもあります。これは10年間では20％以上の費用になるので、金利利息・配当を含め、費用分を上回る価格上昇があってはじめて収益を得ることができます。なかなか厳しい要求水準ですよね。具体的に、何％の費用がだめで何％だったらよいという線引きはできませんが、筆者は次のように整理しています。

・毎年の費用水準が2％を超える投資商品は、その投資で長期にわたって安定的な利益が出る可能性を十分に検討すること。
・10年間での費用を考慮してみること。

　現在のような低金利で、2％よりも高い管理費用が掛かるということは、リスクの高い投資対象でない限り、投資した資産の利息や配当だけでは費用を十分には補えず、その投資商品の価格が上昇しなければ費用分を取り戻せない可能性が高まります。だから慎重になるべきです。最近はやりのラップ口座などでは比較的費用が高いものもありますので、その点をしっかりと確認すべきでしょう。

　一方、ブラジルやインドの債券などのように費用の絶対水準は高いけれど、金利も高いものもあります。2016年初めでは、ブラジル国債は10％を上回り、インド国債も8％前後の金利水準にあります。一見するとものすごく魅力的です。インド国債

を10年間もちきれば金利利息だけで80％近く、費用を差し引いても50％程度もあります。こういう場合、費用水準が投資する対象（主に債券など）からほぼ確実に得る利回りの半分以下であるかどうかを最低限チェックすることです。金利が高い新興国の債券やハイイールド債券などは、費用面を十分に上回る金利がついているケースが多いのですが、それはリスクが高いから、そのプレミアム（見返り）分として金利が高くなっているのです。得られる利回りに気をとられず、費用を考慮したうえで投資価値があるかを確認しましょう。

☑ リスクは地震、費用は税金のようなもの。両方ともに、おろそかにすると大きな影響を被る。

　ネットを活用して投資をしている人、どちらかといえば50代以下の人は、投資商品の費用（コスト）にシビアです。ネット投信ブロガーの間でも、コストの低い投資信託が高い評価を得ています。ある程度、投資になじんでいる人やネットの活用に慣れている人は、自分で調べ、自分で判断する習慣と手段を持ち合わせているので、費用に対する意識やレベル感は鍛えられているといえます。凄腕のプライベートバンカーで、自ら会社を立ち上げた人が雑誌に興味深い記事を書いていました。ネットを活用する世代の人は、これまで投資商品を購入する主体だった比較的高齢の人とは違って４つの特徴があると。それは、「（金融マンなどのいいなりになるだけではなく）自分で調べる」「（ラップ口座のように投資を）運用会社任せにしない」「費用に

対してはものすごくシビア」「(金融マンとの) 付き合いや信頼性よりも合理的判断を好む傾向がある」の4つです。その人の意見としては、50代以下の人は、運用会社任せの運用で費用の高いラップ口座には投資しないのではないかとのことでした。若い人は自分で考えているということですね。そうであれば、本章で筆者が危惧している費用面の問題は、50代以下の人はすでにある程度は考慮していることになります。そういう人に対しても、本書を通じた投資におけるリスクの考え方や自分のお金トータルの守り方については、参考にしていただけるものもあるのではと思います。

　本書は、投資のリスクについての話をメインテーマにしていますので、費用に関してはこの程度にとどめておきますが、個人が投資を行う場合は一般に長期間の投資を前提にしていますので、費用においても十分に確認すべきです。

第 5 章

あなたやあなたの顧客が投資対象のリスクの大きさを知るには？

本章では、投資対象のリスクの大きさを数値としてとらえる方法を確認するとともに、リスクを数値でとらえることの大切さについてみていきましょう。

1 投資対象のリスクの大きさが客観的な数字で提供されない理由

投資商品を販売するにはリスクを説明することが義務づけられています。では、多くの個人が投資商品として活用する投資信託では、リスクについてどのように示しているのでしょうか？

投資信託を購入した経験のある人や目論見書を丹念にみたことがある人はおわかりですが、目論見書には、その投資信託が組み入れる資産の特徴から、どのようなリスクがあるのかが示されています。それは、法令で「目論見書にはリスクを分かりやすく記載するように」と定められているからです。個人は知識や経験が少ないことから、しっかりとリスクの所在を伝えなければならない、つまり、弱者である個人は守られるべき存在である、という視点がそこにはあります。たとえば、日本株式に投資をするのであれば、「投資リスク」の欄に「『価格変動リスク』『信用リスク』『流動性リスク』があります」といった記載があり、その説明が記されています。

図表5－1は価格変動リスクの記載例ですが、法令にのっとって丁寧に記載されています。でも、これだけではよくわから

図表5－1　目論見書における「価格変動リスク」の記載例

価格変動リスク
・一般に、株式の価格は個々の企業活動や業績、市場・経済の状況等を反映して変動するため、ファンドはその影響を受け組み入れ株式の価格の下落は基準価額の下落要因となります。

ないですよね。専門家からみても、正しいことが記載されているとは思うものの、実感が湧いてきません。まるで、保険に加入するときに記載されている「約款」の各項目の重要性がよくわからないのと同じようなものです。結局のところ、リスクについて文章でつらつらと一般論が記載されていても、それがどれくらい深刻なリスクなのかを理解することはむずかしいのです。また、投資信託では、日本の株式に投資するものでも新興国の株式に投資するものでも、「価格変動リスクがあります」と同一の記載がされていることが多く、その影響度の違いについてもイメージするのは簡単ではありません。

　意外かもしれませんが、日本に限らず、アメリカでもヨーロッパでも、個人の投資に対する知識は似たり寄ったりだそうです。ですから、個人に対するリスク説明に関する規制の議論は一段ときめ細かい方向へと進んでいます。

　これに加え、最近では、投資信託の価格変動の大きさ（価格変動リスク）が1～5といった5段階程度の分類で示されるようになりました。これも、知識や経験が少ない個人に対して、

できるだけその大きさを伝えようとする取組みの一環です。これは目論見書に記載されるものではありませんが、投資信託の販売会社は、ホームページや販売用の資料などで表示するようにしています。この方法によれば、リスクの大きさを数字としてイメージすることはできますので、一歩進んだ取組みとして評価できます。

それでも1～5といった表示方法では、リスクの大きさを具体的な数字としてとらえることはできません。図表5－2のようにリスクの大きさが示されたとき、あなたは実感できるか考えてみてください。

☑ **実際の投資商品の販売シーンではリスクは数値では示されない。**

このように記載されていると、どんな印象を受けますか？
なんとなくイメージすることはできますが、どれくらい価格が

図表5－2　リスクの大きさの5段階表示

	リスクの大きさ （5段階）
日 本 の 債 券	1
外 国 の 債 券	2
日 本 の 株 式	3
外 国 の 株 式	4
新 興 国 の 株 式	5

「あなたの選んだ○○投信は4です」

動く可能性があるのかを感じ取ることまではできませんよね。この数字の横に、過去1年、過去5年、過去10年でどれくらい価格変動があったのか、または、各期間それぞれにおいて最大でどれくらいの下落率があったのかについて記載されていれば、多くの人が具体的なリスクの大きさを把握できるようになるのではないかと思います。これは投資信託業界にとっての今後の課題でしょう。

　なぜ、わかりやすい数字を用いたリスクの記載はされていないのでしょうか。投資商品を販売する側にとって、リスクの大きさを強調したくないという心理が働くのは当然ですが、それだけでもありません。リスクの大きさは一律の式で表すことができるものではないので、単純に示すことがむずかしいのです。「△△方法で計測すれば」「○○期間で測れば」という前提によって数字は異なってきます。また、どれが最も適しているとも言いがたいのです。本書の冒頭の例でも「リーマンショック時の……」を前提にリスクの大きさを示していますが、直近5年間の価格変動リスクという尺度であれば数字は変わってきます。

　また、投資商品を販売する側からすれば、金融の知識がそれほどない人が、数字の前提や意味を理解せずに真に受けてしまうことも困ります。そのため、個人にリスクの大きさを具体的な数字として示すことがむずかしいのです。この点では、個人の金融リテラシーの向上が待たれる部分でもあります（図表5－3参照）。

図表5−3　投資リスクが実績値で示されない主な理由

```
                    ┌─ 投資リスクを測る尺度は１つではない。
投資リスクが実
績値で示されな ─────┼─ 投資者の理解度によっては誤解を招く可能性。
い主な理由          └─ 投資リスクを強調することへの抵抗感。
```

2　投資対象の価格変動の大きさを確認する方法は？

　個人が投資信託について、価格変動の大きさを簡単にイメージできる方法はあります。それは、実際にどれくらいの価格変動があったのかを、わかりやすいようにグラフで記載することが義務づけられているからです。投資信託の目論見書の「運用実績」の欄には、その投資信託が過去において１年間でどれくらい価格が変動したのかの推移を記載することになっていますので、参考にすることができます。目論見書には運用実績として図表５−４のように掲載されています。

　ここには「リスク」とは書かれていません。その投資信託の価格がどれだけ変動したのかを記載しているものです。しかし、価格の変動はまさにリスクでもありますので、これによって、価格変動リスクのイメージをつかむことも可能です。図表５−４に示したようにリーマンショック時が含まれているのであれば、その時点の変動率を用いればよいでしょう。１年で40％程度は下落するような価格変動の可能性をもっているもの

図表5−4　目論見書に記載される「運用実績」の例

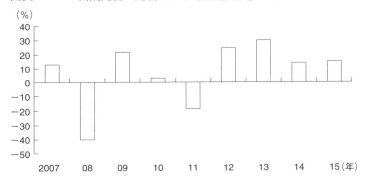

と考えればよいのです。

　実際に直近5年間における主要資産の価格変動率をリスクとして、リーマンショック前後の5年間の価格変動率、また、リーマンショック時の最大下落率とその大きさを比べてみましょう。図表5−5はそれぞれの数値を示していますが、その違いが見て取れます。価格変動率は標準偏差を用い、価格変動は70％程度の確率でその範囲に収まることを意味します。平常時のリスクとまれに発生するリスクでは、これほど大きく違います。

　また、投資者に価格変動の大きさをよりわかりやすく伝えることを目的に、2014年12月から投資信託の目論見書と運用報告書において、直近5年間における、1年間での上昇率・下落率の最大値を主要資産とともにグラフで表示することが義務づけられました（図表5−6参照）。リーマンショック時の動きは反映していませんが、これにより代表的な資産との比較が一目で

図表5－5　主要資産のリスクの大きさ

	価格変動率 直近5年間 (2010/10 －2015/09)	価格変動率 リーマンショック前後の5年間 (2005/10 －2010/09)	リーマンショック時の最大下落率
日　本　債　券	2	2	5
外　国　債　券	10	10	20
(ハイイールド債券)	10	20	45
新　興　国　債　券	10	15	30
日　本　株　式	15	20	50
外　国　株　式	15	25	60
新　興　国　株　式	20	30	70
日　本　リ　ー　ト	20	25	60
外　国　リ　ー　ト	15	30	70
複　合　資　産	10	15	35

（注1）　日本債券は5％未満の数値も表示しているが、それ以外の数値はわかりやすいように5％刻みに引き直して表示。
（注2）　三菱アセット・ブレインズのデータより算出。

できるようになりました。アベノミクスによる急激な円安・株高があったため、かなり大きめの数値になっていますが、個別の投資信託の価格変動の大きさは、これによっても確認することができます。

　繰り返し強調しておきますが、本書において、数あるリスクの計測方法のなかで「リーマンショック時の……」という条件を置くのは、「よくわからないのであれば、できるだけ大きめのリスクを前提に備えをして身を守るほうがよい」と保守的に考えるからです。また、個人は長期の資産形成を目指すことが

図表5－6　ファンドと代表的な資産クラスとの騰落率の比較

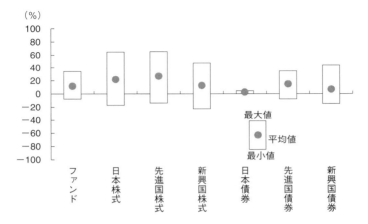

多いので、想定外のリスクの発生を前提にしておいたほうが無難だからです。もっといえば、「リーマンショック時の……」はよりたくさんの人々に伝わりやすいからです。

　ここで、先ほどの図表5－5に表示している「価格変動率」と「最大下落率」の違いについて図表5－7に示しておきましょう。

　それぞれが価格下落リスクの大きさを示す尺度ですが、計測の仕方が違います。価格変動率を用いてリスクの大きさを示すことが一般的ですが、最大下落率も有用な尺度です。最大下落率のほうが大きめの値になります。本書で冒頭から用いていたものは、リーマンショック時の「最大下落率」のほうです。

　本来、投資リスクは、目の前にみえるリスクと、目にみえていない「潜在的な大きさ」をもっています。普段は普通の価格

図表5−7 リスクとしての価格変動率と最大下落率の違い

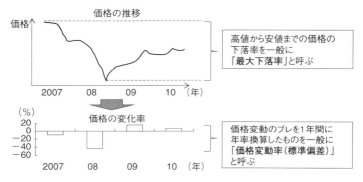

の動きを繰り返しているのに、10年に1度は大きく上昇したり下落したりします。20〜30年の期間ではもっと大きく変動します。100年に1度だとリーマンショック・クラスの変動になります。これに上手に対処することはむずかしいので、個人は目にみえない「潜在的なリスク」までを考えるべきです。

目論見書に記載されている過去5年間の価格の変動は、どちらかといえば「目にみえるリスク」です。一方で、リーマンショック時の価格変動は「目にみえない(潜在的な)リスク」の最大値に近似します。

☑ 投資する際に、リスクの大きさを数字で示すことはほとんどない。そのため、自分で確認するか、代替できる妥当な数字で想定する。

投資のリスクに保険を掛けることはできません。保険のかわりになりうる方法の1つが、リスクを保守的(大きめ)にみる

ことです。地震をおそれない人には地震保険は必要ありませんが、不安な人、不安な地域・建物であれば地震保険に入りますよね。投資の場合、大きな地震が起こることに備えることは、リスクを大きめに見積もることです。知識や経験が高まってくれば、それからリスクを少なく見積もればいいのです。

☑ 投資に保険は掛けられない。そのかわりになりうるものが、リスクを保守的（大きめ）に見積もること。

ここまでのまとめ

では、ここまでにお話ししたポイントを再掲しておきましょう。投資では、次のことを整理してはじめて、顧客のお金のリスク管理ができているといえます。

◆ポイント１

投資対象によって、リスクの大きさは異なります。また、計測の仕方によってもリスクの大きさは異なります。

◆ポイント２

投資する金額（すでに投資している金額）に、投資対象のリスク（価格変動（下落）の可能性）を乗じた数字が、あなたの顧客が受け入れる（受け入れている）損失可能性の大きさです。

◆ポイント３

顧客の投資に関する知識や経験のレベルに応じて、投資対象のリスクを考えることです。知識や経験が少なければ、投資対

象のリスクを大きめに見積もることがよいでしょう。
◆ポイント４
　投資によって、顧客の人生設計におけるお金の計画（マネープラン）を大きく損なうことがないようにすることが最も大切です。そのためには、顧客が受け入れる（受け入れている）損失可能性を許容リスクの範囲内に抑えることです。
◆ポイント５
　自分のお金の計画（マネープラン）を描いていない人であれば、貯蓄などの蓄えのなかで、どれくらいまでの割合なら、損失可能性を受け入れることができるのかといった視点で簡易に確認することもできます。これは、個人によって違いますので一概にはいえませんが、イメージが湧かない人には１割程度とみておけば無難でしょう。大きくても２割程度が目安です。

　「投資対象の価格の動きについての理解」、そして、「投資する金額をどれくらいにすべきかについての認識」、この両方への思慮がポイントです。投資において最も大切なことは、この２点をふまえて、何にどれくらいの投資をするのかを整理・確認することです。また、すでに投資を行っている人であれば、投資したものに対して「どれくらいの損失リスクがあるのか？」「それは自分の許容範囲に収まっているのか？」ということを確認しておくことです。
　これは、お金持ちだけの話ではありません。価格変動リスクが比較的小さい投資商品に投資をしている人にも当てはまりま

す。退職金や確定拠出年金の運用を行っている人、投資信託などの金融商品に投資をしている個人も含め、みな投資家です。投資家は、投資によってお金が減るかもしれないという「損失可能性のリスク」を負っています。だから、たとえ細々と投資を行っているとしても、どれくらいのリスクを負っているのかを最優先で真剣に考えなければなりません。そのためにも、金融機関において投資商品を販売する担当者やFPは、こういったことを顧客目線に立って考えてあげる役割が求められるのです。

3 多くの人は投資のリスクがみえないから「投資が怖い」

　個人の金融リテラシー向上が求められて久しくなります。リテラシーとは「読み書きができる、教養のある」という意味なので、金融リテラシーとは金融の読み書きができること、すなわち金融がわかることというニュアンスになります。投資は最終的には自己責任なので、ある程度のリテラシー向上による投資への理解が進まなければ、投資に足を踏み入れる人や自分で資産形成を行う人の広がりはないと思われます。そのため、投資家の裾野を広げ、貯蓄過多の日本の個人資金を投資に呼び込むには、個人の金融リテラシー向上が重要といわれています。

　一方で、投資を行わない人、たとえばNISA口座を開設しても利用していない人や確定拠出年金に加入していても預金のま

まにしているのはどうしてでしょう。2016年初めでもNISAに口座を開きつつも稼働していないものが50％程度あり、確定拠出年金の40％は預金になっています。それは、調査アンケートからみると答えがみえてきます。

多くの公的機関やNPO法人の調査によると、投資について「わからない」、特に身近な投資商品であるはずの投資信託でさえ、半分以上の人が「よくわからない」と答えています。わからないほど怖いものはありません。「わからない＝損をするか儲かるか予測できない＝怖い・避けておくもの」という連想につながります。

実は、投資のリテラシー向上のために必要なことは、「投資は怖い」を取り除いてあげることでもあるのです。投資教育では、「金利はなぜ、どうして動く」という内容から始まって、「株式の価格はどのようにして決まる」といった話に展開されていきます。もちろん、これも大切な知識です。でも、それと同時に、価格が動くことによる「怖い」を取り除いてあげることです。

夜道が怖いのはなぜでしょう？　それは「よくみえない」からです。よくみえないと危険が高まることを知っているからです。投資でも「みえない」ことへの恐怖が、投資に踏み出さない人の根底にあります。ましてや、お金はその人にとって非常に大切なものです。人生においてせっかく積み重ねてきたものを、自分の理解できない世界に預けることは本当に勇気がいることです。

ここには、私たちが人生を通じて身につけてきたものも影響しています。それは、「危険には近寄らない」という、生活しているなかで無意識に当たり前に選択している行動感覚です。「夜道は危険」「海外では１人で行動しない」という具合に、危険が備わっていそうなものには用心して向かう、また、避けることができるものであれば避ける。これが生きていくうえでの知恵です。お金に関しても、わからないもの、理解できないものには預けない、図表５－８にある「（投資は）ギャンブルのようなものだと思うから」「なんとなく怖いから」という回答はこの延長線上にあります。

　この「わからない」を解きほぐすことです。そのためには、何に投資をしたらどれくらい利益が出るかもしれないし、どれくらいの損失が生じるかもしれないという目安が必要になってくるのです。リスクを強調することに抵抗感はありますが、投資のリスクを目にみえるかたちで示すことができれば、こうい

図表５－８　投資をしていない人の理由

（出所）　2014年日本証券業協会調べより

図表5-9　リスクの大きさがみえないと、どのようなことが生じるのか

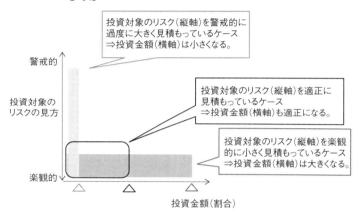

った人たちの投資への警戒感は低下するはずで、長い目でみれば投資促進にもつながるのです。

図表5-9に示すように、リスクの大きさがみえてくると、過度に警戒的な人、また、過度に楽観的な人をそれぞれ適正な投資に促す効果が期待できます。

4　リターンを計算に入れない理由　リターンとリスクについてもう少し知っておこう

ところで本書では、価格変動のリスク面だけに焦点を当て、リターンには触れていません。この理由については折に触れお話ししていますが、それでも、「投資は利益を得る（リターン

がプラス）可能性があるから行うのに、リターンの可能性を考慮しないのはおかしいのでは？」という疑問を抱く人もいるかもしれません。もっともなご指摘です。リスクとリターンの関係をある程度理解している顧客に対しては、本書で示しているリスクの話をしたうえで、「ただし、リスクの半面にはリターンがあります。リターンはあくまで期待でしかありませんが、長期でみれば、資産の成長性に見合った収益が得られると理論的にも経験的にも示されています」といった話を展開してもよいでしょう。

　リスクだけを話すのはバランスを欠いているのではないか、という指摘もあるでしょう。

　でも、やはりリターンはあくまでも期待値でしかありません。長期的には米国株式はかなり高いリターンがあったかもしれません。一方で、日本では失われた20年のような時期もありました。直近では、10％近い金利がありながらも急落しているブラジル通貨レアルの例もあります。過去を客観的に語る際には、数十年単位で物事の動きをとらえることもできるので、超長期でみれば投資におけるリターンの効果をほぼ確実に期待できるのですが、自分の人生に置き換えてみれば10年でもすごく長い期間です。人生における投資期間は、お金のことが理解できる成人になってから、長く見積もっても50年くらいしかありません。しかも20歳からしっかりと資産形成に取り組めている人はまれでしょう。そのなかにおける10年は、その人にとって、とんでもなく大きな割合を占めています。ですから、10年

間上昇しないとか、むしろ下落するような可能性もありうる金融市場において、リターンが期待どおりに生じることを前提に物事を考えることは、知識が少ない人にとっては危険でもあります。期待リターンどおりの結果が常に得られるのなら、極端なことをいえば、20年間投資すればどんな投資対象に投資したとしても、リスクを通り越してプラスのリターンが得られるような計算になります。

　図表5－10は、期待リターンを5％、リスクを20％と仮定した場合の、累積リターンと累積リスクの関係を試算したものです。リスク20％は日本株式の平常時の価格変動リスクに該当する大きさです。少々むずかしい話をしますが、累積リターンは複利を適用し、累積リスクは年数を追うごとに「√年数」だけリスクが増える計算になります。机上の計算によれば、確実にリターンを積み重ねることができれば、時間の経過とともに累

図表5－10　期待リターンを考慮した場合のリスクとの関係

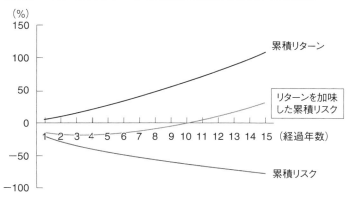

積のリターンはリスクの増加を上回ることになり、どこかの段階で「累積リターンから累積リスクを差し引いた値」はプラスに転じます。この仮定のケースでは、10年程度の投資を行えばリターンがリスクの大きさを上回ることを示しています。たしかに、10年以上の長期で投資を行うのであれば、ある程度はプラスになることを期待してもよいかもしれませんね。ただ、リターンが確実かつ安定的に毎年同じ比率でプラスとなることは現実的な想定ではありません。筆者が危惧しているのは、これを前提に投資を考えると、いつかはプラスになるのだから、たくさんのお金を投資してもかまわないという安直な結論を導き出してしまうことです。

　リターンが不確実な一方で、リスクは確実に存在します。価格が上がるか下がるかはわかりませんが、変動するというリスクはある程度予想できるのです。そういう状況であれば、まずは保守的に身構えるのが常道です。

　ただし、これらのことをわかっている人は別です。投資においてリターンは期待でしかないこと、毎年確実にリターンが生じることはないこと、一方でリスクは確実に存在すること、こういうことを理解している人は、むしろ逆に、期待リターンを加味したリスク水準を考えてもよいでしょう。それはなぜかといえば、リスクとリターンの関係が理解できているからです。リスクとリターンの意味合いを理解している人は、わかったうえで用いているから問題ないのです。最も気をつけないといけないことは、知識や経験が少なく、よくわからない個人が、不

確かなリターンを前提に投資を考えることなのです。「45歳の私は蓄えが少ないから、老後に十分なお金を用意するために、期待リターンが高いとされている株式にたくさん投資をするように勧められた……」。これはリターンが確実に得られることを前提にしています。

筆者が本書においていちばん念頭に置いていること、それは投資のことについてよくわからない個人でも、人生を後悔させることのない投資とは、どのようなものかを考えることです。そのことをご理解いただければ、リターンをあえて考慮しない意味合いがわかっていただけると思います。

本書では、リターン以外にも、投資においてプラスになるいくつかの点をあえて前提にしていません。たとえば、インフレ見通しもその1つです。一般的に緩やかなインフレは投資にプラスといわれています。インフレになれば、現金はそれだけ価値が低下します。一方で、株式や不動産などは比較的インフレに連動しやすい（インフレヘッジ）資産です。これは、理論上でも過去の事実としても幅広く認められています。世間で、アベノミクス以降、資産形成のための投資が盛んにうたわれているのもこのためです。長期的なインフレを前提に考えるならば、もう少し、リスクを抑える程度を緩めてもよいかもしれません。ただ、最初からこのことを織り交ぜて書くと、その複雑さゆえに読者を戸惑わせてしまうと考えて、インフレについての考慮はあえて行っていません。

また、投資においてほぼ確実に安定的に得ることができる利

息や配当の長期における効果も、特に強調していません。これも、複雑さを避けるためという意味合いもあるのですが、それに加えて、最近は、先進国を中心に金利水準がきわめて低くなってしまったことも大きな理由です。2016年初めの日本の国債金利はマイナスとなり、ドイツも0.5％以下の水準で、アメリカが2％程度といったところです。

　金利よりも、むしろ株式の配当利回りのほうが高い国も多くみられるくらいですが、こちらも先進国では1％台が大勢です。一方で、実際に投資をする際に、みなさんが一般的に投資商品として購入する投資信託の費用は（ETFやインデックス投信などを除けば）保有期間に応じて掛かる運用管理費用だけでも実質的に1％を超えているものが少なくありません。加えて、多くの投資信託では購入時に買付手数料として数％の費用が掛かります。

　これらを考えると、新興国債券やハイイールド債券などのリスクが高い債券やリートなどは考慮に値しますが、それらを除いた伝統的な主要資産である国内外の債券や株式においては、少々の金利利息・配当は、投資信託を通じて投資を行う限り費用でかなりの部分を相殺されることが見込まれるため、そこまで期待すべき水準でもないのです（ETFやインデックス投信に投資する場合は、費用がかなり低いので、この限りではありません）。こういった点も、ご理解いただければと思います。

　図表5－11は、主な資産を組み入れる投資信託における運用管理費用と、利息・配当の利回り水準を示しています。

図表5-11 費用と金利利息・配当の利回り水準のイメージ

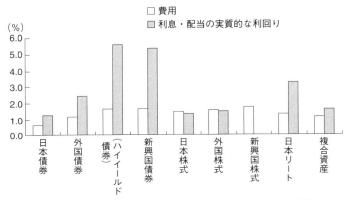

(注1) 「利息・配当の実質的な利回り」はETFをベースに算出、2015年10月基準。日本の債券はETFがないため、インデックス投信をベースに算出。
(注2) 費用は、三菱アセット・ブレインズのデータより算出。

第 6 章

だれでも簡単にできる投資の手順（ステップ）：あなたの顧客に当てはめてみよう！

本章では、顧客へアドバイスをするにあたっての具体的な手順について、例示も交えながら確認していきます。

1 リスクから身を守ることを最優先で考えた「投資の手順（ステップ）」

ここまで読んでもらえれば、だいたいのことはおわかりいただけたと思います。では、実際にあなたの顧客が投資を行う際の手順を示しておきましょう。その手順は以下に示したステップを順番に確認することにより容易にできます。また、すでに投資している人が、投資が適正な範囲内で行われているのか、その妥当性を検証することも基本的には同じアプローチですが、これについては本項の次に示すことにしましょう。

では最初に、あなたの顧客が投資をする際の手順についてみていきましょう。

〈投資をする際の手順〉

【STEP1】顧客のお金を確認しよう
【STEP2】お金のなかで、顧客がリスクをとることができる割合を決めよう
【STEP3】投資したい対象を決めよう
【STEP4】投資したい対象の価格変動のリスクを確認しよう
【STEP5】顧客がリスクをとることができる割合と投資対象のリスクから、お金のうち、どれだけの部分を投資できるか計算しよう

以上のSTEP 1～5を踏むことで投資する際の手順を確認できます。では、順番にこれらのSTEPをみていくことにしましょう。

1　【STEP 1】顧客のお金を確認しよう

　まず、投資を考えるにあたっては、顧客がどれくらいのお金をもっているのかを確認します。本来であれば、ライフプランのシミュレーションなどによって、将来にわたって得ることができるお金までを加味することができれば理想なのですが、そうでなければ、現在の貯金などのお金の大きさを確認しましょう。

　ここでは、〔例1〕として500万円としておきます。

　また、若い人は手元資金が乏しいので、毎月、手取り給料の貯蓄分のなかから一定割合を蓄えたいと考える人もいるでしょう。若いからこそ、人生のお金の計画は不透明で立てられないという人もいるかもしれません。こういう人の例として、ここでは毎月の貯蓄可能額を6万円として【例2】にしておきます。

〔例1〕500万円
〔例2〕毎月の貯蓄可能額6万円

　家計簿でもなんでもそうですが、自分のお金を適当ではなくしっかりと把握することから、資産形成は始まります。まずは、しっかりとお金の状況を把握しましょう。また、先ほどの〔例1〕現在の預貯金などと、〔例2〕毎月の貯蓄可能額です

が、これは一般にはストックとフローという言葉で置き換えることもできます。40歳前までであれば、通常は蓄えたお金はそれほど大きくないはずですし、定年まで20年以上あるので、〔例2〕のフローで考えてもよいと思います。

一方で、40歳を過ぎて50歳に近づいてくると、収入を得ることができる残り期間はかなり限られてきますし、先々のことも見通しやすくなるので、〔例1〕のストック面を重視すべきだと思われます。

　○確認しよう

例に倣って、顧客の考える金額を記入しましょう。

例1のケース　[　　　　　　　　　]円

例2のケース　[　　　　　　　　　]円

2　【STEP2】お金のなかで、顧客がリスクをとることができる割合を決めよう

次に、顧客が貯蓄などで保有しているお金のなかから、どれくらいまではリスクをとることができるのか（許容リスクの大きさ）を考えましょう。若いうちは比較的大きな割合でリスクをとることができるので20％近くてもよいと思います。一方で、定年が近づいているとか、年金生活の貯蓄を投資にまわすのであれば、保有している資産の金額にもよりますが、大きくても10％程度にしておくほうが無難でしょう。割合による計算ではイメージがあわなければ、金額でもかまいません。

お金がたくさんある人や、相続財産、不動産をもっている人

は、リスクをとることができる割合が大きくても問題ありません。それは、万が一損失が生じても、トータルでの人生設計への影響は軽微だからです。逆に、年金以外に特段の資産がない人は保守的に見積もるべきです。

ここでは「例として10％」とします。そうすれば、〔例1〕の金額としては500万円×10％＝50万円になります。また〔例2〕では6万円×10％＝6,000円になります。

これは10％という割合でもいいですし、金額を定めて計算することもできます。

○確認しよう

例に倣って、顧客のお金のなかで、リスクをとることができる割合を記入しましょう。

例1のケース　[　　　　　　　　　]円

例2のケース　[　　　　　　　　　]％

3 【STEP3】投資したい対象を決めよう

一般的に、投資の経験が少ないならば、価格の変動が比較的小さい対象＝リスクが小さいものに投資をするのが無難です。どうしてもリスクの大きい資産に投資をしたいのであれば、お金のすべてではなく、一部にしておくほうがよいかもしれません。

以下は一般的にいわれている、リスクの大きさを考える際の基本的なポイントです。

〈資産による違い〉

　図表6－1に示すように、債券よりも株式のほうが価格の変動（横軸）は大きくなります。リートも意外と大きいことがわかります。

〈通貨や国・地域による違い〉

　図表6－2に示すように、国内の資産よりも外国の資産のほうが、為替動向の影響が加わるので価格の変動（横軸）は大きくなります。また、先進国よりもインドネシアやメキシコなどの新興国の価格のほうが大きく変動します。

〈信用力・格付などによる違い〉

　債券は国債や信用力の高い債券よりも、ハイイールド債券などの格付が低いほうが価格変動は大きくなります（図表6－3参照）。

図表6－1　資産によるリスクの大きさの違い

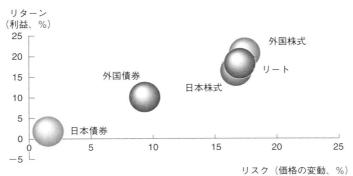

（注）　三菱アセット・ブレインズのデータより算出。

図表6-2　地域によるリスクの大きさの違い

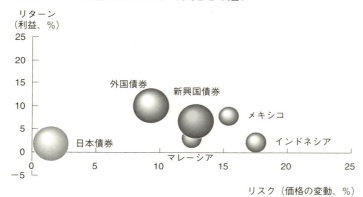

（注）　三菱アセット・ブレインズのデータより算出。

図表6-3　信用力によるリスクの大きさの違い

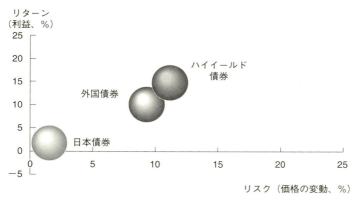

（注）　三菱アセット・ブレインズのデータより算出。

〈特定の対象か分散して投資するのかによる違い〉

　企業の株式など特定の個別銘柄のほうが、多くの銘柄を組み入れる投資信託よりも価格変動は圧倒的に大きくなります。投資未経験者には個別銘柄への投資はあまりお勧めできません。同様の観点から、投資信託でも1カ国に投資するもののほうが、多くの国に分散して投資をするものよりも価格変動は大きくなります（図表6－4参照）。

　「資産による違い」「国・地域による違い」「信用力による違い」「特定の対象か分散して投資するのかによる違い」をみてきましたが、これらはすべて組み合わせて考えることができます。たとえば、新興国の個別企業の株式であれば、「新興国」「個別企業の株式」それぞれの価格変動リスクは高いため、価格変動リスクはいっそう高くなります。

図表6－4　特定投資によるリスクの大きさの違い

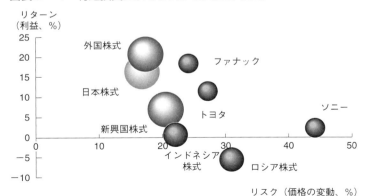

（注）　三菱アセット・ブレインズのデータより算出。

投資に関する本などでは、よく、「いまこそ、●●に投資するチャンス」とか「人気の●●債券の投資信託でちゃっかり貯めよう」などといった記事を目にします。何に投資をするのかは個人の自由ですし、いろいろな意見を聞いて決めればよいでしょう。顧客が納得するものや魅力を感じるものに投資をするのがいちばんですから。もちろん、FPや投資アドバイスをする人は、それぞれの顧客ごとにどのような投資商品が適しているのかの選定こそ最も大切なポイントではありますが、この点についてはすでに数多くのガイドブックなども出ていますので、そちらに譲ります。本書では、どのようなものに投資をしたとしても、そのリスクの大きさを確認できる方法と、その大切さを理解してもらうことが主眼です。

　では、投資したい対象、すでに投資している対象を以下のなかから確認しましょう。顧客自身が決めなくても、金融機関の担当者が推奨するもので興味あるものでもOKです。

・個別の株式か、投資信託か（推奨：投資信託、ただし費用が低いもの）。
・価格の値上りを期待する株式か、金利利息を重視する債券か。
・外国の資産か、国内の資産か。
・先進国の資産か、新興国、ハイイールド債券といった資産か。
・これら多くの資産をバランスよく組み入れた投資信託（上記で選別する自信がない人はこちらが無難、ただし、費用が低いも

の)。

　例としては、個人にとって身近な投資商品である投資信託のなかでも、初心者向けとされる「国内外の株式と債券の主要4資産にバランスよく投資する投資信託」を取り上げます。

　○確認しよう

投資したい対象を決めましょう。

　　投資対象：＿＿＿＿＿＿＿＿＿＿＿＿＿＿＿＿＿＿

4 【STEP 4】投資したい対象の価格変動のリスクを確認しよう

　顧客が選んだ投資対象の価格変動リスクを把握するため、図表6-5のどのマトリックスに入るのかを確認します。投資の初心者であれば、リーマンショック時の最大下落率（いちばん右列）をリスクの大きさとして用いるのがよいでしょう。かなり大きめにリスクを見積もっています。一方で、投資について知識や経験のある人、また、これからしばらくはそこまで大きな下落リスクはないと考える人は、ここまで大きなリスクの数値を用いる必要はありません。価格変動率（直近5年間）（いちばん左列）の2倍程度の数字を用いてもよいでしょう。価格変動率の数値は確率70％強なので、それ以上に価格が動く可能性もあります。この数値を用いるのは自らリスクをコントロールできる人など比較的上級者レベルです。

　例として取り上げた、初心者向けの「多くの資産にバランスよく投資する投資信託」（図表6-5における「複合資産」）を確

図表6-5 主要資産の価格変動リスク

	価格変動率 直近5年間 (2010/10 -2015/09)	価格変動率 リーマンショック前後の5年間 (2005/10 -2010/09)	リーマンショック時の最大下落率
日　本　債　券	2	2	5
外　国　債　券	10	10	20
(ハイイールド債券)	10	20	45
新　興　国　債　券	10	15	30
日　本　株　式	15	20	50
外　国　株　式	15	25	60
新　興　国　株　式	20	30	70
日　本　リ　ー　ト	20	25	60
外　国　リ　ー　ト	15	30	70
複　合　資　産	10	15	35

（注）　三菱アセット・ブレインズのデータより算出。

認すると、リーマンショック時の最大下落率であれば35％程度のリスクがあることがわかります。

○確認しよう

投資したい対象の価格変動リスクの大きさを確認しましょう。

　％

5 【STEP 5】顧客がリスクをとることができる割合と投資対象のリスクから、お金のうち、どれだけの部分を投資できるか計算しよう

　STEP 2で確認した「お金のなかで、顧客がリスクをとることができる割合（許容リスクの大きさ）」と、STEP 4で確認した「投資したい対象の価格変動のリスク」を用いて、どれくらいのお金を投資できるのかを確認してみましょう。

　例では、顧客のお金のなかでリスクをとることができる割合（許容リスクの大きさ）を1割にしましたよね。ここで、「多くの資産にバランスよく投資する投資信託」には最大で35％の価格変動リスクがあります。

〔例1〕

　500万円のお金がある人で、1割程度（＝50万円）のリスクをとることができる人は、次の式から計算します。

　　投資する（できる）金額×投資する対象のリスク35％

　　≦50万円

　この式を変形すると、

　　投資する（できる）金額 ≦ 50万円÷35％

　　投資する（できる）金額 ≦ 約143万円

〔例2〕

　毎月貯蓄にまわすことができる6万円の1割程度（＝6,000円）はリスクをとることができる人。

　　投資する（できる）金額 ≦ 6,000円÷35％

投資する（できる）金額 ≦ 約１万7,000円

　このように、顧客が投資にまわすことができる金額の目安は、比較的容易に計算することができます。〔例１〕〔例２〕のどちらのケースでも、「リスクを受け入れる割合10％÷投資対象のリスク35％（＝約29％）」によって、お金のなかの何割をその投資にまわすことができるのか（例では29％）を計算できます。こうしてみると、リーマンショック時を想定しても、かなりの割合を投資できることがわかります。すでにお話ししたように、リスクの大きさがみえないことが怖いのであって、みえるようになれば、実は、控えめに見積もったとしても結構な投資余力があることがわかるのです。

　○**確認しよう**

　顧客がリスクをとることができる割合（許容リスクの大きさ）と投資対象のリスクの大きさから、お金のうち、どれだけの部分を投資できるか計算しましょう。

　例１のケース

　　[　　　　　　]円 ÷ [　　　　]％ = [　　　　　　]円

　例２のケース

　　[　　　　　]％ ÷ [　　　　]％ = [　　　　　]％

最後に、これらをまとめた式を示します。

　　投資にまわすことができる金額≦お金×受け入れることができる損失可能性の割合（許容リスクの大きさ）÷投資する対象の価格下落リスク

投資商品の販売担当者や投資アドバイスを行うFPは、新た

に投資を検討する人に対して、ぜひ、顧客が投資できる金額（金額の割合）の目安を計算してみてください。

2 顧客がすでに投資している内容が妥当なのか確認しよう

ここでは、すでに投資している資産について、それがどれくらいの損失可能性（リスク）をもっているのか、また、その損失可能性の大きさが、顧客が受け入れることのできる想定の範囲内に収まっているのかを確認しましょう。その手順は以下に示した点を順番に確認することです。

【STEP1】顧客が投資している対象と投資金額を確認しよう

【STEP2】顧客がすでに投資している対象のリスクを確認しよう

【STEP3】顧客が投資している金額から、現在の損失可能性（リスク）の大きさを確認しよう

【STEP4】顧客のお金を確認しよう

【STEP5】顧客のお金に対して、現在受け入れている損失可能性（リスク）の大きさ（割合）を計算しよう

【STEP6】この割合が、顧客が想定している範囲に収まっているか確認しよう

基本的には、先ほどと同じことについて順序を変えて行うだけですので、簡単に説明を加えておきます。順番にみていくことにしましょう。

1 【STEP 1】顧客が投資している対象と投資金額を確認しよう

　ここでは、〔例3〕として、あなたの顧客は外国株式に200万円、日本リートに100万円の合計300万円を投資しているとします。

　また、月々の積立を行っている顧客を〔例4〕として、外国株式に2万円、日本リートに1万円を投資しているとします。

　○確認しよう

　実際にあなたの顧客が投資している対象と投資金額を確認しましょう（複数の投資対象がある場合には併記してください）。

　　[　　　　　　　　　]に、[　　　　　　　　　]円

2 【STEP 2】顧客がすでに投資している対象資産のリスクを確認しよう

　顧客が投資している対象資産が、どれくらいの価格下落リスクをもっているのかを確認します。先ほどの主要資産のリスク水準について図表6－6として再掲します。ここでは、先ほどと同じくリーマンショック時の最大下落率（図表6－6のいちばん右列）をリスクの大きさとして用います。投資について知識や経験のある人、また、これからしばらくは、そこまで大きな下落リスクはないと考える人は、ここまで大きなリスクの数値を用いる必要はありません。

　〔例3〕として取り上げた、外国株式と日本リートにリーマ

図表6-6 主要資産と価格変動リスク

	価格変動率 直近5年間 (2010/10 -2015/09)	価格変動率 リーマンショック前後の5年間 (2005/10 -2010/09)	リーマンショック時の最大下落率
日 本 債 券	2	2	5
外 国 債 券	10	10	20
(ハイイールド債券)	10	20	45
新 興 国 債 券	10	15	30
日 本 株 式	15	20	50
外 国 株 式	15	25	60
新 興 国 株 式	20	30	70
日 本 リ ー ト	20	25	60
外 国 リ ー ト	15	30	70
複 合 資 産	10	15	35

(注) 三菱アセット・ブレインズのデータより算出。

ンショック時の最大下落率を当てはめると、両方とも60%の価格下落リスクがあることがわかります。

○確認しよう

実際に顧客が投資している対象の価格変動リスク(最大下落率)の大きさを確認しましょう。

[　　　　　　　　　　　　　　　　　]％

3 【STEP3】顧客が投資している金額から、現在のリスクの大きさを確認しよう

投資資産の金額に価格下落リスクの大きさを掛け合わせたも

のが、顧客が受け入れているリスクの大きさ（金額）になります。

〔例3〕

外国株式　　200万円×60％＝120万円

日本リート　100万円×60％＝60万円

受け入れているリスクの大きさ　合計180万円（＝120万円＋60万円）

〔例4〕（月々の積立を行っているケース）

外国株式　　2万円×60％＝1万2,000円

日本リート　1万円×60％＝6,000円

受け入れているリスクの大きさ　合計1万8,000円（＝1万2,000円＋6,000円）

○確認しよう

　実際に顧客が投資している金額と、投資している対象のリスクの大きさから、顧客が受け入れているリスクの大きさを計算しましょう。

　　[　　　　　　]円×[　　　　　]％＝[　　　　　　]円

4 【STEP4】顧客のお金を確認しよう

　顧客がどれくらいのお金をもっているのかを確認します。本来であれば、ライフプランのシミュレーションなどによって、将来にわたって得ることができるお金までを加味することができれば理想なのですが、そうでなければ、現在の預貯金などのお金の大きさを確認しましょう。

ここでは、〔例3〕は〔例1〕と同じく500万円としておきます。

　また、若い人は手元資金が乏しいので、毎月、手取り給料の貯蓄分のなかから一定割合を蓄えたいと考える人もいるでしょう。なかには若いからこそ、将来の期間が長く不透明であるためにお金の計画が立てられないという人もいるかもしれませんが、ここでは〔例4〕の毎月の貯蓄額を、〔例2〕と同じく6万円にしておきましょう。

〔例3〕500万円
〔例4〕毎月の貯蓄6万円

　○確認しよう

　顧客が実際に蓄えているお金を確認しましょう。将来の可能性を含めて考えることができる人は反映してください。

　たとえば、現在、預金などで500万円あるが、養老保険の満期が5年後に500万円見込める人＝1,000万円

　　［　　　　　　　　　　　　　　　］円

5 【STEP5】顧客のお金に対して、現在受け入れているリスクの大きさ（割合）を計算しよう

　では、すでに行っている投資によって受け入れているリスクの大きさは、顧客のお金や毎月の貯蓄額からみて、どれくらいの割合を占めているのかを確認しましょう。

〔例3〕180万円÷500万円＝36％
〔例4〕1万8,000円÷6万円＝30％

○確認しよう

　顧客が「受け入れているリスクの大きさ」と「お金の大きさ」から、「お金のうちどれだけの部分がリスクを受け入れている割合なのか」を計算しましょう。

STEP 3の答え［　　　］円÷STEP 4の答え［　　　］円
＝［　　　］％

　これが、すでに行っている投資によって顧客が現在受け入れているリスクの大きさ（割合）です。仮にリーマンショック並みの暴落が起これば、一時的にせよ、この割合の損失を被る可能性があります。「100年に1度といわれるリーマンショックほど大きな下落はない」「そこまで保守的、警戒心をもつ必要はない」と考える人は、リーマンショック時の最大下落率の値を用いなくても、STEP 2において図表6－6に示した直近5年間の価格変動率の2倍程度の値をリスクとして用いればよいでしょう。

6 【STEP 6】この割合が、顧客が想定している範囲に収まっているか確認しよう

　では、STEP 5で計算した割合が、顧客が投資で許容できる大きさなのかを再考しましょう。若いうちは比較的高い割合でリスクをとることができるので、20％近くでもよいかもしれません。一方で、定年が近づいているとか、年金生活に向けた貯蓄を投資にまわすのであれば、保有している資産の金額にもよりますが、大きくても10％程度にしておくのが無難でしょう。

万が一お金を失っても、自分の人生設計を大きく損なうことがないと考えられる比率にしておくべきです。ここでも割合による計算ではイメージがあわなければ、金額でもかまいません。

計算した結果が、顧客の想定範囲内であれば問題ありません。想定の範囲を大きく超えているのであれば、金額を減らすとか、もう少しリスクの小さい資産に一部を移し替えることなどを検討したほうがよいでしょう。

〔例3〕は36％、〔例4〕は30％なので、どちらも大きいですよね。筆者であれば投資金額を再考します。

○**確認しよう**

STEP5で計算した割合が、顧客が想定している範囲、受け入れることができる大きさに収まっているかを確認しましょう。

<u>STEP5で計算した、リスクを受け入れている割合〔　　　〕％と顧客が想定している割合〔　　　〕％の比較</u>

※「想定している割合」は、顧客がイメージしている数字を記入してください。もしくは、FPとして、顧客に適していると思われる目安でも結構です。

顧客の実際の資産で計算した場合に、仮に想定の範囲を大きく超えていた場合でも、嘆く必要はまったくありません。投資商品の販売担当者として自分を責める必要もありません。この計算はあくまでも、損失可能性を数字として確認する1つのアプローチの結果にすぎません。また、投資に対して保守的かつ慎重に見積もった場合の数字です。

大切なのは、いままでは数字として把握していなかったもの

を、ある前提のもとではありますが、数字として把握できたのですから、大きな進歩です。これを目安として、リスクに目を向けることこそが大切なのです。

最後に、これらをまとめた判定式を載せておきます。

（投資対象の価格下落リスク×投資金額）÷お金全体≦自分が受け入れることができる損失可能性の割合（許容リスクの大きさ）

あなたにお伝えしたいこと、それは、あなたの顧客が受け入れることができる損失可能性に対して、顧客の投資している金額がどれくらいになっているのかを意識することの大切さです。

第7章

世間で推奨されている「分散投資」や「長期投資」は万能か？

本章では、投資の教科書などで紹介されている分散投資や長期投資などの投資手法について、その効果を確認するとともに、本書でお話しした投資におけるお金の適正配分との関係についてみていきます。

1　初心者の投資において「分散投資」や「長期投資」はどれくらい大切なこと？

　これまでは、投資にまわすお金をどのように考えたらよいのかという、最も大切な点についてお話ししてきました。しかし、インターネットで「初心者の投資」といった関連ワードで検索すると、ほぼ必ず現れるのが「分散投資」や「長期投資」といった投資手法に関する記事です。また、FPが解説するネットや雑誌などの記事においても頻繁に取り上げられています。これらは、投資における3種の神器のように取り上げられることが多く、なかには「投資についてよくわからないのであれば、これだけをやっておけばまず大丈夫」といった極端な論調まで見受けられます。筆者がこの本を執筆した理由の1つは、投資すると決めたお金をどのように投資するのかというこれらの投資手法の重要性については多くの説明があるにもかかわらず、それ以上に大切な「投資するお金の配分」について、しっかりとした解説がない、あったとしても具体性がないことに危惧を覚えたことによります。それゆえ「時間分散」や「分散投資」などの投資手法については他の説明に任せてもよいの

ですが、その正しい効果を知っておかなければ誤解のもとになりますので、ここでは、これらの投資手法について触れておくことにします。

具体的に「分散投資」や「長期投資」についてみていく前に、それが、いままでみてきたことと比べてどれくらい重要なことなのかについて、整理しておきましょう。また、分散投資や長期投資をしないとはどういうことなのかについても押さえておきます。そうすれば、筆者がお話ししてきたことへの理解が深まるはずです。

分散投資や長期投資に代表される投資手法は、実際に投資をする仕方です。投資で決めることを大別すれば「何に」「いつ（どのように）」「どれくらい（のお金）」を投資するのかという3点に集約されます。いままでみてきたこと、すなわち「投資する対象のリスク」と個人それぞれの「許容リスク」からどれくらいのお金を投資するのかという話は、これら3つのうち、主に「何（どういった投資対象）に」「（それぞれの個人にとって）どれくらい（のお金）を」投資するのかという点です。そし

図表7－1　投資で決めること

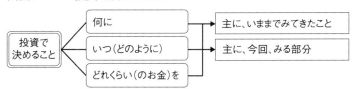

（注）　正確には、「時間分散」と「長期投資」は「いつ（どのように）」に該当する。一方で「分散投資」は「何に」の範疇にも入る。

て、これからお話しするのは主に「いつ（どのように）」という部分です（図表7－1参照）。

この「いつ（どのように）」は、どれくらい重要なことなのでしょうか？　それは、全体からみてどれくらいの影響があるのかを想定することによってイメージできます。たとえば、「いつ（どのように）」投資するのかによって、投資の買付価格に10％の違いが生じる可能性があるとしましょう。10％も高く買ってしまうかもしれないけれど、時間分散による投資手法を用いることで、それを避けることができるものとします。

このとき、あなたが受け入れる損失可能性のリスクの大きさに与える影響は、そのまま10％になります。ですから、いままで本書でみてきた方法で、「お金全体のうち2割のリスクを受け入れる投資」をしていた人にとっては、図表7－2に示すとおり、お金全体に対して2割×10％＝2％の影響があることに

図表7－2　「いつ（どのように）」がお金全体に与える影響

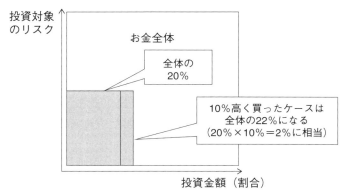

なります。

どうですか？　これを大きいと感じるのか、それほどでもないと思うのかは個人の感覚によります。筆者の経験による感覚では、「いつ（どのように）」という点で上手に立ち回ったとしても、「時間分散」による影響は大きく見積もっても10％程度の違いではないかと思います。20％も違いが出ることはないでしょう。そう考えれば、全体に与える影響はそれほど大きくないのです。「いつ（どのように）」よりも「何に」「どれくらい（のお金）を」のほうがよほど重要です。また、「投資についてよくわからないのであれば、時間分散・投資対象の分散・長期投資をやっておけば大丈夫」といった論調に筆者は少なからず抵抗を覚えてしまうのです。もっと大切な点があるからです。

2 「時間分散」「投資対象の分散」「長期投資」と「いま買うべき銘柄はこれだ！」は両立しない

初心者にとって有効といわれる投資手法である「時間分散」「投資対象の分散」や「長期投資」は、裏を返せば、投資タイミングをとらないという点に特徴があります。投資タイミングを上手にとれないのだから、高値で買ってしまうようなことを避けるために「時間分散」「投資対象の分散」や「長期投資」を勧めているのです。一方で、書店に平積みになっている投資指南本の多くはこの逆で、「●●投資法」や「いま買うべき銘柄はこれだ！」とか、「これからの投資テーマ」など投資のタ

イミングを意識したものです。これらの本は、相場がどちらに動くのかわからないことを前提に、価格変動（下落）リスクの大きさを考えて安全な投資を行おうとするではなく、価格が下がりにくく上がりやすいもののタイミングをとらえようとするものです。つまり、世間で目にするこれらの本や雑誌記事のほとんどは、安全な投資（安全運転）に対して、勝負をする投資（タイムトライアル運転）のようなものです。これらのどちらが正しいというものではありません。どちらにもメリット・デメリットがあり、それらは相反するものなので、投資者である個人がどちらを選ぶのかという類いのものです。

たとえば「いまこそ日本株式投資の最後のチャンス」という記事に感化された人が、債券も株式もバランスよく組み入れた（資産を分散した）投資信託を選ぶでしょうか？　「中国不安の高まりこそが、東京オリンピックまでの最後の買い場」という本を信じた人が、悠長に毎月1万円の長期での積立投資をするでしょうか？　ねらいが違いますよね。

このように、マーケットで上手に立ち回ろうとする人には、いまからお話しする投資手法はフィットしません。むしろ、マーケットの動きや投資アイデアのない人、頻繁に価格の動きをみる余裕のない人や投資知識のあまりない人にとって、「変なところで買ってしまうなどの失敗を避ける」ために有効な手法なのです。

3 時間分散は、スーパーでまとめ買いをしないようなもの

　前置きが長くなりましたが、それぞれの投資手法の特徴についてみていきましょう。まず、「時間分散」ですが、これは平たくいえば、1度のタイミングで投資をするのでなく、投資のタイミングを複数回に分ける（分散する）ことにより、ある1時点の不利な価格で投資するのを避けることができるという手法です（図表7－3参照）。投資商品の価格は常に変動していますから、何度かに分けて投資する、もしくは、毎月少額でコツコツ投資し続けるように投資タイミング（時間）を分散することにより、高値づかみの投資を避けることができます。

　理屈どおり、1回で投資するかわりに10回に分ければ、投資の価格を平準化・平均化することができます。ただし万能では

図表7－3　時間分散のイメージ

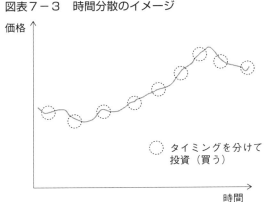

ありません。時間分散で投資をすることは、そうしない人よりもリターン面で必ずしもよい結果をもたらすとは限らないということを知っておく必要があります。

　時間分散は、投資するタイミングを分散するのですから、投資する対象の、投資する期間の価格の動きの平均に近づくことになります。ですから、たまたま1回で投資をすれば、高値になるのかも安値になるのかもしれませんが、時間（＝タイミング）を分散して投資をすれば、それよりも平均に近づくという効果しかありません（図表7－4参照）。価格がどちらに動くのか予測できないケースでは、統計的にいえば、どちらの投資手法によっても確率による期待値は同じです。ただ、期待値のブレ（高い価格になるかもしれなければ低い価格になるかもしれない可能性）は時間分散のほうが小さくなり、平準化・平均化され

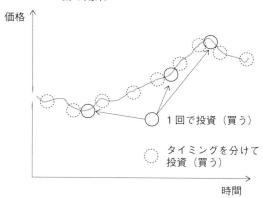

図表7－4　時間分散投資と1回で投資とする場合の効果

るというものです。

　あなたが引っ越した家の近くに5件のスーパーがあるとします。どの店が安いのかは見当がつきません。順番に店を回って値段の比較をするのも面倒です。それでもあなたは石鹸を5個買わなければなりません。さて、あなたは石鹸を5個買うときに、どのような買い方をするでしょう？

　1カ所のスーパーで石鹸5個をまとめて買うのか、それとも、それぞれのスーパーで1つずつ買うのか。時間分散するのかしないのかは、この違いのようなものです。1カ所で買えば、たまたまバーゲンセール中で安いかもしれませんが、もしかしたら高級スーパーで高いかもしれません。その一方で、スーパーを分けて買えば、高いところでも安いところでもおしなべて買うので、平均すれば高くも安くもない価格に落ち着きます。これは、よい結果とは限らず、平均的な結果なのです。

　また、時間分散は、投資する対象の価格が上昇している期間であれば、投資の平均的な価格は最初にすべてを投資するよりも高くなります。反対に価格が下落基調にあれば、最初に投資するよりも低く購入できます。でも、価格が上昇するのか下落するのかの確率は五分五分です。確率的には決してリターンが優れているわけではないのです。

　時間分散のなかで、さらにドルコスト平均法という手法があります。これは、時間分散において、「等金額」で投資することによる効果を示したもので、毎月一定金額の積立投資を行うメリットとしてよく引き合いに出されます。「等しい単位（等

単位)」で投資するよりも「等しい金額（等金額）」で投資をしたほうが、高い価格のときは少ない単位を購入し、低い価格のときは多くの単位を購入できることになるので、「平均すれば低い単価」で購入することができるという手法です。

ただし、これもあくまで一定の条件下で成り立つものなのです。仮に投資対象の価格が常に上昇傾向にあれば、等金額よりも等単位で投資していたほうが、同じ単位を購入する際に投資するお金を少なく抑えることができます。ドルコスト平均法は、投資する対象の価格が上下するときや、大きく下落しても最終的には価格が戻るようなときに効果を発揮します。

このように、投資の初心者に用いることを勧められる時間分散は、それ自体がリターン面において常に優れた結果をもたらしてくれるのではなく、極端な結果を避けることで平均に近づけてくれる手法なのです。

 時間分散投資は、リターンを改善してくれる手法ではない。極端な結果を避けることができるところに特徴がある。

ただ、ものすごく長い期間や価格変動が大きい投資対象においては、時間分散で投資をすることでリスクを低減する効果があるのも事実です。長期になれば、投資対象の価格変化も大きくなるでしょうから、悪いタイミングで投資をしてしまうと、リーマンショックの再来のような万が一のケースでは大きな損失を被る可能性が出てきます。時間分散をすれば、この「万が

一」の失敗を避ける、その影響を抑えることができます。「万が一」「想定外」がその人にとって避けるべき「リスク」であるならば、リスクを低減するための有効な手法となります。図表７－５に示すように、極端なケースが平均から大きく乖離している場合に、その極端なケースですべて投資してしまうことをリスクととらえるならば、そのリスクを避けることができるからです。

　では、このことを先ほどの石鹸の例で考えてみましょう。

　「あなたが引っ越した家の近くに５件のスーパーがありました。どの店が安いのかは見当がつきません。順番に店を回って値段の比較をするのも面倒です。それでもあなたは石鹸を５個買わなければなりません。さて、あなたは石鹸を５個買うときに、どのような買い方をするでしょう？」

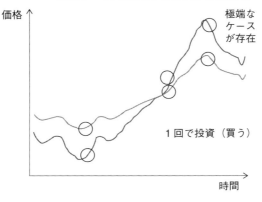

図表７－５　価格が大きく変動する場合には、極端なケースで投資するリスクが高まる

この際に、まとめて1カ所で買うのと、スーパーを分けて買うのでは大差ないと考えるのは、「どこのスーパーで買っても、石鹸の値段なんてそれほどの違いはない」ことが前提にあります。たいした違いがないから、1回で買っても複数回に分散して買っても影響が小さいのです。現実にはありえないことですが、仮にスーパーによって3倍も価格が異なるとすると、1回に5個まとめて買うのはためらわれますよね。確率と期待値は同じでも、このように、極端なケースがありうるのであれば、手法としての効果は高まります。こういったケースでは購入のタイミングを分散することで高値での購入を避けることができます。

> ☑ 時間分散は、価格変動が大きい対象や、長期にわたって投資を行う場合に効果が高まる。

　また、これとは異なる観点から時間分散の効果を語ることがあります。それは、一般に「行動ファイナンス」と呼ばれるものです。たとえば、人間は価格が上昇すると投資をしたくなり、価格が下落すると売りたくなります。この、価格への後追い行為はリターンにはマイナスに作用しますが、時間分散や積立投資はこういったロスを回避でき、あえてタイミングを計らずに投資をすることの効用が示されています。

4 投資する対象を分散することは、農家が複数の作物を栽培するようなもの

次に投資対象の分散についてみていきましょう。これは、「分散」という言葉がついていますが、先ほどの時間分散とは異なるものです。時間分散は、同じ投資対象でも、投資するタイミングを分けることです。これに対して投資対象の分散は、特定の投資対象に集中して投資をするのではなく、投資対象を分散するという手法です。たとえば、株式投資において、特定の銘柄に集中投資するのではなく、複数の銘柄に分散して投資をするとか、特定の国や通貨ではなく、アメリカやヨーロッパやアジアなどといった複数の国や通貨に投資する、また、投資資産としても、日本株式だけに投資をするのではなく、日本株式、外国株式、外国債券、金など複数の資産に分散して投資することなどが考えられます。この分散投資は、知識や経験が少ない人にとって、ものすごく有効な考え方です。

身近なたとえとして、農家が単一作物の栽培をするのか、複数の作物を栽培するのかの違いを想像してみてください。単一作物の栽培は効率性を追求できますが、天候による収穫量や販売条件によって収益は大きくブレます。一方で、複数の作物を栽培することは、効率性を追求する余地は限られますが、収益の安定性を高めることができます。特に、複数の作物において、他の作物との関連性が低ければ低いほど、1つの作物の環境は悪くても他の作物への影響は限られるため、全体が悪くな

る可能性は低くなり、収益は安定するはずです。病害虫などの影響も一部分に抑えることが期待できます。投資対象の分散とはこういったイメージです。

それでは、より現実的な分散投資の例として、倒産して株式が紙くずになったＸ社だけに集中投資をしていたケースと、上場企業全体に満遍なく投資をしたケースの効果を考えてみましょう。

単純化のために、上場企業数を1,000社とし、すべての上場会社の時価総額（市場価値）が同じとします。この場合、あなたがＸ社を選ぶ確率は1,000分の１です。Ｘ社が倒産した場合に、あなたは1,000分の１の確率で損失を被ります。一方で、あなたが上場企業に満遍なく投資する投資信託を購入したケースでは、そのうち1,000分の１社であるＸ社が倒産したので、こちらも確率は1,000分の１です。つまり、あなたの投資行動によって、Ｘ社が倒産する影響を受ける確率とその影響の度合いは同じく1,000分の１なのです。統計学でいうところの期待値は同じです。

たとえば、1,000円を投資するケースでの、Ｘ社倒産による損失の期待値は次のようになります。

　　Ｘ社を選ぶ確率「1,000分の１」×Ｘ社の倒産による損失「1,000円」＝１円
　　満遍なく投資する投資信託「1,000円」× そのなかでＸ社が倒産する影響「1,000分の１」＝１円

このように、確率からみれば、繰り返して得られる可能性を

表していますので、どちらの期待値も同じですが、実際に発生した場合の影響は異なります。たまたまＸ社を選んでしまい、投資をして倒産すれば1,000円すべてを失います。一方で、満遍なく投資する投資信託を購入したケースでは1,000円を失う可能性は存在せず、１円の損失です。このように、分散投資は、交通事故のような出合った際に大きな被害を受けるリスクを事前に小さく抑えることができます。だから手法としては価値があるのです。もちろん、それによって期待できる利益（リターン）の大きさも小さくなります。でも、それに見合う効果があります。交通事故に遭う可能性を回避できるからです。

　実は、これは投資のスタイルによっても違ってきます。先ほどはわかりやすくするために1,000円の例を用いましたが、実際に1,000円のような少額で何度も繰り返し頻繁に売買をする人であれば、結果は確率に近づくので、集中投資も分散投資もそれほど影響に違いはありません。また、たとえ1,000円を失ったとしても人生設計への影響もないでしょう。一方で、資産形成においては数百万円や数千万円のお金を投資するケースが考えられます。この場合、１度でも大きく失敗したときの影響は甚大であり、しかも、何度も繰り返して投資することができるものではありません。ゲームのように何度もリセットができないものに対しては、たとえ確率による期待値が同じだったとしても、万が一発生した際の悪い影響を抑えるように努めることが大切です。

　分散投資は、いまみてきた個別株式のようにリスクが顕在化

した際には大きな影響を被る可能性があるもの（先ほどの例のX社の倒産）に対して有効です。個別銘柄に限らず資産を分散する際でも、価格変動が大きい資産や相互の価格連動性が低い（相関が小さい）ほうが効果的です。逆のことを考えてみてください。ほとんどリスクのない日本国債で銘柄の分散投資をしてもしなくても、リスク軽減という観点でみれば効果は変わりませんよね。投資は一般的にはリスクを受け入れて行うものなので、「万が一に出くわす」リスクを避けることができるという意味で分散投資は効果があるのです。すでにお話ししたように、投資の知識や経験が少ない人は、リスクへの理解が浅く、リスクをコントロールするすべも少ないので、最初からリスクを抑える分散投資の手法は活用すべきです。

　さて、読者のなかには、先ほどの「時間分散」と、この「投資対象の分散」とは同じ効果があるのに、どうして「時間分散」は効果があるとは限らなくて、「投資対象の分散」は有効な手段と強調しているのか、疑問に感じている人もいるでしょう。

　たしかに、時間分散も投資対象の分散も、それを用いることと用いないことによる確率の期待値は同じです。期待値は同じですが、結果を安定的に平均へと近づけることができる手法です。ここでの違いは、顕在化した際のリスクの大きさとその影響によるのです。たとえば、投資対象の分散は、X社のように1度でも倒産すれば紙くずになる影響を小さくしてくれます。何か問題が生じた際には、価格がゼロになるとか半分になる可

能性があるのであれば、その投資対象に集中投資したくはないものです。

　一方で時間分散は投資タイミングに関する考えです。投資する価格の動きが上昇・下落する可能性も同じで、その上昇・下落の大きさも同じくらいだとしたら、高く買うか安く買うか平均的な値段で買うのかの違いだけなのです。逆にいえば、高く買ってしまうことを倒産による損失と同じように大きなリスクと感じる人や、自分の人生において過大な投資をするので、高いところやタイミングの悪いところで買ってしまうと大きな影響を被ってしまうと考える人にとっては、時間分散も有効です。また、買うタイミングによっては数十％も価格が違うケースも当てはまるでしょう。このように、タイミングによって大きな損失を被るリスクがあると受け止められるケースでは時間分散を用いる価値が高まります。しかし、実際にはそういうことはまれです。このため時間分散と分散投資にはトーンに違いがあるのです。これは、統計学的な表現をすれば、確率分布が異なることによる違いとなります（図表7－6参照）。

　個人が投資においてよく利用する投資信託は、購入するだけで基本的には分散投資をしたことになります。それは、一般に販売されている投資信託の多くは、特定の銘柄を組み入れるのではなく、複数の銘柄を組み入れているからです。外国株式を組み入れる投資信託であれば、国や通貨でも分散投資がなされ、さらに銘柄も分散されます。もっと広く分散投資をしたいのであれば、日本株式や外国債券など複数の資産を組み入れる

図表7-6　価格変動（リスク）が大きいほど分散投資は有効

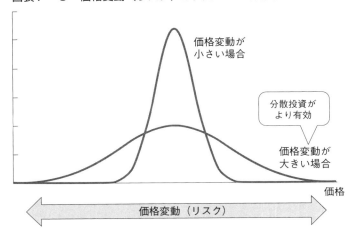

投資信託を通じて投資をすれば、さらにさまざまな対象に幅広く分散投資ができます。1万円程度の小口金額から、投資信託の器を通じてさまざまな投資対象に分散して投資することができる、それが投資信託を活用する最大のメリットです。

5　長期投資の効果とは、シーズン当初は不調でもシーズンを通じて実力を発揮する野球選手のようなもの

リスクを低減する手法として、最後に長期投資の効果についてみておきましょう。長期投資の効果は、短期間ではリターンやリスクにブレがあっても、長期では安定して期待された効果

が表れやすいことに特徴があります。たとえば、野球選手のバッティングにおいて、数試合では結果にムラがあっても、シーズンを通せばある程度実力に近い打率が期待できますよね。このようなイメージです。すでに「第2章　投資によって受け入れているリスクとは？」における「2　投資リスクの大きさは、顧客の知識や経験によって変わる」で示したように、単年での価格の変化は安定していなくても、長期でみれば年率のリターンやリスクは安定するという考えです。図表7－7は、投資期間が長期になるに従って、平均収益率が安定することを示しています。

　ただ、ここにも注意が必要です。長期投資の効果でリターンやリスクが安定するのは、あくまで年率に引き直した数字のことをいっているのであって、必ずしも累積したトータルのリスクが小さくなることまでは言い切れません（確認したい場合は、第2章「2　投資リスクの大きさは、顧客の知識や経験によって変わる」を再読してください）。

　どうしてリスクは安定しているようで累積のリスクは大きくなるのか？　そのイメージをもってもらうために、先ほどの野球の例でいえば次のようになります。

　通算打率3割の実力がある選手が、今シーズン最初の10試合30打席で2割の打率しか残せなかったとします。これは期待した打率を1割も下回っているのですが、ヒットの本数は期待値9本（＝30打席×3割）に対して6本（＝30打席×2割）しか打てなかった結果なので、ヒットの本数で数えれば3本だけ少な

図表7−7 長期投資の効果（4資産（国内株式・国内債券・

[1年]

[5年]

[10年]

(出所) 三菱アセット・ブレインズのデータより作成

外国株式・外国債券)へ均等に投資した場合の期間別収益率

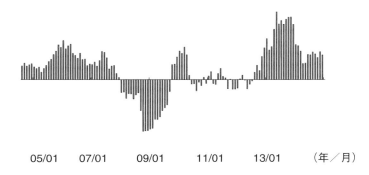

05/01　　07/01　　09/01　　11/01　　13/01　　(年／月)

05/01　　07/01　　09/01　　11/01　　13/01　　(年／月)

05/01　　07/01　　09/01　　11/01　　13/01　　(年／月)

かったことになります。打率３割の期待に対して２割に低迷するのはかなりの乖離（リスクの大きさと考えてください）ですが、ヒット本数にすればわずかなものです。

　その後、この選手がシーズンを通しては実力を発揮して、打率を２割８分まで高めたとしましょう。シーズンを通じた長期間では、期待した打率３割に対してはかなり近づきます。その差はシーズン当初の１割から、わずかに２分（＝２％）低いだけになりました。期待からの乖離は小さくなった（リスクは低減した）わけです。打率が実力に近づいたことを、リスクが長期的には安定したものととらえてください。

　一方でヒットの本数でみればどうでしょう？　シーズン当初は期待された実力よりも３本少なかったのですが、このとき、シーズンの試合が200試合、600打席だとしたら、少なかった２分はヒット数では12本も少ないことになります（600打席×２％＝12本）。シーズン当初のときに足りなかったヒット３本よりも大きい数字ですよね。

　このように、長期になると平均的には安定した結果が得られることが期待されますが、それは必ずしも累積でのトータルリスクが小さくなることと同義ではありません。やはり、長期に投資をすれば損失可能性の絶対値は少なからず増えるのです。このことは理解しておきましょう。

　ただ、長期投資は、すでにお話しした投資対象の分散投資と併用することにより、リスクが一段と小さくなります。たとえば、株式だけに長期投資をした場合には、長期で投資をしても

リスクの水準は年率20％近い水準（株価の１年間の変動率は７割の確率で20％程度に収まることを意味します）にありますが、これに加えて日本債券、外国の株式と債券もあわせた主要４資産で構成されるポートフォリオにすれば、リスクは10％程度まで大きく低下します。長期投資において分散投資を行うことは極端な結果が生じるリスクを抑え、投資効率（リターン・リスク）を改善する効果があります。

　ちなみに、日本株式だけに長期投資をした場合には10年以上経ってもリターンが芳しくない時期もありましたが、先ほどお話しした主要４資産（国内外の株式と債券）に均等に投資をした場合、過去20年のどのタイミング（いずれの月）で投資をしても、投資して８年目以降は最低でもプラスのリターンになっているという実証結果があります。安定した資産も含め十分に分散して投資をすれば、それくらいの長期ではマイナスの可能性が減ってくる程度の認識でよいのではないでしょうか。

　ここまでは、リスクを抑える投資手法として、時間分散、投資対象の分散、そして、長期投資の効果についてみてきました。どうでしょう？　このようにみてくると、個人の投資にとっての３種の神器は、リターン（利益）をもたらしてくれるものではなくて、投資において、みえていなかった想定外（のリスク）を未然に防いでくれる手法であることがわかるはずです。

第 **8** 章

身近な事例をみてみよう

本章では、いままでお話ししたことをベースに、いくつかの簡単な事例を用いてみてみましょう。筆者がアドバイスするというかたちをとっていますが、みなさんにわかりやすくするために表現しているものであり、あくまで仮想の事例です。みなさんも、自分の立場に置き換えながら読んでみてください。

1　現役世代30歳で資産形成を意識し始めたＡ子さん

　最初に、若いＡ子さんの事例です。Ａ子さんは30歳で未婚、バリバリ働いています。両親と一緒に住んでいることもあり、日々の生活にも余裕があったため、いままでは将来のことについては深く考えていませんでした。そんなＡ子さんも30歳になったのを機に、将来に向けた自分の資産形成について気になり、相談にいらしたのでした。

　話を聞くと、少しずつ昇給してきたこともあり、頑張れば、月に５万円程度であれば貯蓄できるようになってきたとのことです。若くて、興味があることについてはまず自分で調べてみるタイプだというＡ子さんは、世間一般にいわれているお金に関する知識は持ち合わせていました。ただ、投資経験はまったくありません。「私の年齢だと、株式中心に投資をするのがよいようなのですが、どのような会社に投資をすればよいのでしょうか？　株主優待銘柄から始めるのがよいという雑誌の記事や、「投資の神様」と呼ばれるバフェット式投資法にも興味が

あるのですが……」。好奇心旺盛なA子さんは、いろいろな投資手法にも興味津々です。筆者は、投資対象について、株主優待銘柄への投資は成長性よりも配当に重きを置いていること、また、バフェット式投資法は個別銘柄への投資が中心であり、企業の将来性を見通す知見が求められることなど、さまざまな話をしました。その過程から、A子さんは、投資手法にこだわっているのではなく、長期でみれば高い成長性と収益性が期待される株式への投資に興味があることがわかりました。

A子さんには特定の国や地域についてのこだわりはないようなので、筆者は、世界的な株式全般に投資することを勧めました。それであれば、投資対象を分散することができ、特定国の影響を抑えることができます。また、若いA子さんはリスクの許容範囲も比較的大きいことから、貯蓄にまわすことができるお金の1割程度までは許容リスクとして受け入れることにしました。

世界的な株式でも、分散して投資すれば、リスクはどんなに大きくても50～60%であるため、A子さんは、貯蓄にまわすことができるお金の2割程度（＝許容リスク1割÷投資対象のリスク50%）をそういった株式に投資できる計算になります。これくらいならば、明日、リーマンショックが再来してもA子さんの損失可能性は1割程度と許容リスクの範囲内に抑えることができるはずです。

これらのことを理解したA子さんは、早速、月々で貯蓄にまわすことができるお金5万円のうち1万円（＝5万円×2割）

を積立による外国株式の投資信託に投資することにしたのです。

2　退職金を手にして銀行預金＋αを求めるB男さん

　60歳のB男さんは、手にした退職金2,000万円の運用のことで悩んでいます。年金生活までは数年ありますが、第2の職場も得ていますので、それまでは退職金を取り崩さなくても生活できそうです。ただ、退職金を銀行に預けても雀の涙くらいの利息しかつきません。銀行預金よりも高い利息がつくものはないかと探していると、金融機関の投資セミナーでインド債券投資を目にしました。利息が8％近くあり、気になって仕方がありません。でもその一方で、老後に向けた虎の子の退職金を減らしたくもないのです。

　B男さんも、長年にわたり社会人として勤めあげてきたことから、投資にはリスクがあることくらいは理解しています。筆者は、損をする可能性を排除したいのなら、日本の国債しかないのではないですかと話をしたのですが、日本国債の金利水準は低すぎて、どうしても納得いかないようなのです。せめて1％近い金利利息を見込みたいと。

　どれくらいの損失可能性であれば、耐えられそうなのか話をしたところ、「退職金以外にこれといった蓄えもなければ財産もないので、できるだけ損はしたくない。5％といいたいところだが、それ以下であれば」ということでした。たしかに、老

後に向けて、年金以外に2,000万円程度は用意しておきたい金額なので、B男さんの考えは大筋あっています。そこで、許容リスクは3％程度、金額にすれば60万円程度が関の山だろうと筆者が切り出すと、それくらいであればとの回答。この水準をベースに検討を行いました。

仮にインド債券に投資をしようとすれば、そのリスクは25％程度になり、投資にまわすことができるお金の目安は240万円（＝60万円÷25％）という数字がはじき出されます。これでもよいのですが、筆者は、先進国の債券（リスクの大きさ20％）に175万円、インドの債券に100万円投資するポートフォリオを提案しました。この組合せでも、トータルのリスクは60万円になります（計算してみてください）。

インド債券だけに投資しない理由、それは、特定国、特に新興国のようなリスクの高い国に集中投資をすることは、それだけ想定外のリスクをはらんでいるからです。たとえば、ブラジル国債への投資は、2014年から2015年にかけて、通貨の下落も含めれば短期間で40％近くも下落しました。このことを知り合いから耳にしていたB男さんは、筆者の提案を受け入れてくれました。投資においては、可能であれば、リスクの低い資産をコアに据えて分散投資を行ったほうが、リスクの低減につながります。

もちろん、このポートフォリオでは、インド債券だけに投資することによって受け入れる金利利息よりは小さくなりますが、投資した金額の合計275万円の部分では2016年初において

３％を超える金利利息を見込めます。

3　確定拠出年金制度が導入されたＣ雄さん

　ある日、妻の仲のよい友人からわが家に電話がかかってきました。ご主人（Ｃ雄さん）の会社が確定拠出年金制度を導入することになったので、その際に既存の年金から振り替えられた500万円を、突然、自分で運用しなければならなくなったとのこと。Ｃ雄さんは55歳と、定年を見据えることができる年齢に達していました。

　昔、愛用している製品をつくっている企業の株式に投資した経験もあるＣ雄さん夫妻は、株式に積極的に投資するイメージをもっていたようですが、参考までにと、妻を通じて筆者に聞いてきたようなのです。許容リスクなどの詳細な情報を細かく聞くことができない筆者は、定年間近という事実と、いままで企業年金として確実に安定した運用利回りで運用されていたお金の一部を、最後になって過度なリスクにさらしてはいけないとの話とともに、一般論として、債券を中心に組み入れたバランスファンドを考えることが基本であることを話しました。

　Ｃ雄さんも奥さんも、興味のある株式への投資と資産形成の違いや、確定拠出年金というものが自分にとってどういうお金なのかの位置づけがよく整理できていなかったようです。

　一般的に、国内外の株式や債券などさまざまな資産にバラン

スよく投資する投資信託で、債券を中心としたファンドのリスクは、大きく見積もっても25％程度です。資産分散したうえでの数値なので、そこからさらに大きくブレることはまれです。そうであれば、500万円を振り向けたとしても、それほどのリスクを抱え込む可能性は小さくなります。Ｃ雄さんは内心もう少し積極的に投資したかったみたいなのですが、年金の一部なので、とりあえずリスクを抑えた投資信託を選ばれたようです。結果的に、アメリカの利上げ観測と原油価格の下落を背景に株式市場が大きく乱高下するなか、「無理に積極的な投資を選ばなくてよかった」と奥さんを通じて聞きました。

この例は、いままでと比べると判断に用いうる情報が少なかったように思われます。最終的な判断はもちろん投資者本人によるのですが、情報や確信度が少なければ、それだけ保守的になってもよいと思われます。

4　投資信託と株式を相続したＤ江さん

一人っ子のＤ江さんは、相続によってはじめて、父が金融資産をもっていることを知りました。その内容は、評価額が約1,000万円相当の投資信託と200万円相当の株式です。そのほかにも600万円近い銀行預金がありました。どうやらＤ江さんの父は、手元にあるお金のうち、余裕資金の多くを投資にまわしていたようです。Ｄ江さんは、多額のお金を残してくれた父に

あらためて感謝するとともに、いままで自分が投資をしたことがないため、それらの金融資産をどうしたらよいものか迷っています。

金融資産である投資信託と株式の中身を聞くと、次のような内容でした。

・G投資信託：北米リートに投資をするもの。500万円。
・H投資信託：海外のハイイールド債券に投資をするもの。500万円。
・X株式：日本の大手通信会社。100万円。
・Y株式：民営化された金融会社。100万円。

これらをみると、D江さんの父は、比較的高い配当や金利を得ることができる商品に投資していたことがわかります。きっと、投資信託から得られる分配金や株式の配当金を楽しみにしていたのでしょう。また、それなりの金融知識もあったことがうかがえます。

D江さんは、お金に困ったようすもなく、また、父がせっかく行っていた投資を急にすべて解約するのにも気が引けるとのことです。本来であれば、金融知識がまったくないのであれば、いったん、すべて現金化するのも選択肢の1つとは思われますが、D江さんの意向をくみ取る方法を一緒に考えることにしました。

筆者はまず、これらの金融資産は、投資する対象としては比較的リスクの高い部類のもので、通常でも1～2割程度の価格の上げ下げを伴うものであることを説明しました。まれではあ

りますが、リーマンショックのように世の中が急変するような局面では、さらに価格の変動が大きくなる可能性があることも伝えました。そのうえで、とりあえず投資信託と株式の半分だけ現金化することにしました。そうすれば、たとえ投資信託や株式が半値まで下がったとしても、D江さんは預金とあわせて1,800万円のうち1,500万円は確保できそうだからです。

　D江さんは、1,500万円程度を確保できる目安がもてることに安堵し、当初D江さんが思っていたように、父の金融資産の半分はそのままにしておくことにしました。ここでのポイントは、最終的に確保できるトータルでのお金の目安（1,500万円程度）を確認することです。

5　趣味の競馬よりも株式投資に興味をもち始めたE治さん

　最後に、いままでとは毛色の違う例を示しましょう。真面目なサラリーマンとして家庭のために仕事に励み、5年前に定年退職して年金生活を送っているE治さんは、現在はこれといった楽しみもなく社交的な性格でもないため、毎日のんびりとした老後を過ごしています。そのなかにあって、趣味と呼べるものは、若い頃から小遣いのなかでやりくりして楽しんできた競馬やパチンコです。いまでも、毎月1万円ずつの競馬とパチンコを楽しみにしています。

　そんなE治さんは、自宅で経済ニュースや新聞を読むうち

に、株式について興味をもち始めました。「これは、競馬やパチンコよりもおもしろそうだ」と感じたのです。ただ、いきなり個別銘柄に投資をするには知識不足であり、まとまったお金を投資することに躊躇したE治さんは、1万円程度から始められる、買付手数料のかからない日経平均型のノーロード投信に目をつけました。「これなら手軽に始められるし、日々のニュースだけでも上がり下がりが確認できる、しかも競馬のように週末まで待つ必要もなく毎日楽しめる」と思ったのです。

そこでE治さんは、はたと悩みました。いったいいくらのお金で始めたらよいのだろう。実は、E治さんは、いままで競馬やパチンコで使っていた1万円は、失ってもよいと考えるお金を前提としていたのです。これは、リスクの大きさを100%とみていたことになります。日経平均型の投資信託に投資する場合も同じく1万円でもよいのですが、競馬のように大当たりすることもなければ紙くずになる可能性も低いものに、いくらのお金を使ってよいものかイメージが湧かなかったのです。

資産形成のために、日経平均型の投資信託に長期間の投資をするのであれば、本書で示したように、平時でも20%程度、想定外では50%程度といった大きめのリスクを前提に考えたほうがよいでしょう。でもE治さんの場合は、資産形成というよりは、賭け事の延長線上で金融資産を用いたいのです。これはFX（フォレックス）取引でも同じことがいえます。

筆者は、E治さんに対し、「日々楽しみたいのであれば、一定の損失が出た場合には、取引をやめる（ロスカット）ルール

をもつ」ことを話しました。たとえば、日経平均株価が１割下がれば、損失を確定させていったん取引を閉じるのです。そうすれば、日本株式の価格変動リスクは数十％あるとしても、Ｅ治さんにとっての１回の取引における価格変動リスクは10％程度です。これは投資対象のリスクをすべて受け入れているのではなく、Ｅ治さんが自分でリスクの大きさをコントロールしていることにほかなりません。Ｅ治さんのように、定年後で自由な時間が多い人は、そうでない人に比べ、金融市場の動きを確認することができるので、取引ルールを決めることでリスクを限定することもできます。これであれば、10万円で投資信託を購入しても、１回の損失は１万円程度になります。

　筆者の説明を理解したＥ治さんは、毎月行っていた競馬を１万円から半額の5,000円にするかわりに、５万円を日経平均型の投資信託の取引に振り向けることにしました。Ｅ治さんが競馬と投資信託によって受け入れるリスクの大きさは合計で１万円になります。

　最後のＥ治さんは、資産形成というよりはゲーム感覚としての例になりましたが、リスクの大きさをベースに考えていることに違いはありません。投資の知識や経験が少ない人、仕事に忙しい人には決してお勧めできないのですが、仮に自分でリスクをコントロールできるのであれば、そのリスクの大きさをもとに、投資にまわすお金を考えることもできるのです。

第 9 章

ファイナンシャル・プランナー、投資アドバイスを行う人の役割

本章では、顧客にアドバイスをする立場を念頭に、身近なたとえも用いながら、いままでのことを整理しましょう。

1　想定外を想定内に

　投資を行ったことがない人が、急にこれからは投資が必要だといわれて、NISAや確定拠出年金など非課税による投資の仕組みを提供されても、具体的に何をしてよいかわかりませんね。いまの日本はこういった状況です。どちらかといえば確実な貯蓄志向が強く、長く続いたデフレにより投資の怖さを知った個人の多くは、資産形成のための投資から距離を置いていた人が多くいます。アベノミクス以降、投資環境が好転し、また、将来への備えを自らが考えていかなくてはいけない時代になってきたなかで、「資産形成のための非課税の器をいろいろと用意したので、どうぞ使ってください」といわれても、いままで投資から疎遠だった人には、何をどうすべきなのかがみえてくるはずありません。高齢の人もそうかもしれませんが、働き盛りの30代、40代、また、定年を意識し始める50歳になって、突然に会社が確定拠出年金制度を導入したなんてことも多いでしょう。筆者の義姉夫婦も会社で確定拠出年金が導入されたことで悩み、突然、筆者に電話がかかってきました。「どうしたらいいのかわからないんだけど……」。会社側は、一通りの投資教育を行えばすむのですが、いままで会社が運用してく

れていた年金の一部を、ある時から自己責任で運用しなさいといわれても個人は大変です。これは職場の話に限りません。多くの人が投資にかかわる機会が増えるのに、何から手をつけたらよいのかわからないのが実情です。

　こういったことを背景に、個人の金融リテラシー向上の必要性がうたわれています。自己責任で資産形成をするのだから、投資について多くのことを学び知る必要があるというものです。でも、いきなり自助努力だけですんなりと力がつくものではありません。そうであれば学識もありネットも使いこなす義姉から電話がかかってくることはないでしょう。こういった観点からも、FPなど、投資アドバイスを行う立場の人たちの役割はいっそう重要になっているのです。

　自動車の運転であれば交通ルールと安全性への仕掛けが施されているので、短期間で講習を受けて1カ月もすれば自分で運転ができますが、投資の場合には若葉マークも安全装置も用意されていません。これをあえてたとえるとすれば、スキューバダイビングのようなものです。危険と隣り合わせの度合いが高いので、いきなり1人で行うことはできません。インストラクターの助けがかなりの期間にわたって必要でしょう。FPには、多くの役割が求められますが、このインストラクターに相当する役割こそ最も重要です。

　交通ルールと安全性への仕掛けがないスキューバダイビングにおいて、インストラクターが気を使うことは何でしょう？それは、ダイビングを楽しみたい人のレベルにあわせながら

も、危険を避けて安全な環境に誘導することです。また、素人では気がつかない危険を未然に察知して、近づかないように守ってあげることですよね。これは、そのまま投資にも当てはめることができます。筆者は、このことを「想定外を想定内に」する行為と呼んでいます。投資の知識や経験が少ない人にとって想定外のことが起こっても、そのことに未然に備えて大きな危険から身を守ってあげる、これがプロの役割だと思うのです。

スキューバダイビングでは、危ない場所が事前にわかっています。急流の場所は決まっています。それに対して、いつ危なくなるのかを予測することがむずかしいのが投資です。すでに地震にたとえた話をしましたが、投資では危険は突然にやってきます。そのための備えを施してあげるのがFPの大切な役割なのです。

よく、資産形成や投資でアドバイスを受ける際に、「何に投資をしたらよいか」といった儲かるための助言を期待する人がいます。もちろん、こういったアドバイスもいいでしょう。でも、投資でうまく立ち回ろうとするには限界があります。ですから、「どういった投資対象がねらい目」とか、「いまが買い増しのチャンス」といった、マーケットの動きを予想することばかりに重きを置くべきではありません。逆に顧客がそういったことを望んだとしても、いままでお話ししたことを理解してもらったうえで行うべきです。

顧客がどういうものに投資をしたいのかについて顧客の意向

に即した投資商品を提案するなどのアドバイスとともに、リスクを未然に抑える方法を提供することです。これが「想定外を想定内にする」アプローチであり、長い目でみて顧客に信頼される礎となるはずです。

2　リスクの知識は何のために必要なのか

　リスクは、だれに何を伝えるためにあるのでしょう？　だれがどのようにして用いるものなのでしょうか？　これを、わかりやすくするために、生命保険と比べて考えてみましょう。たとえば、30代の人が掛け捨ての死亡保険に入るとします。人間の死亡確率はわかっていますし、戦争や新種の病気の流行でもない限り、安定しています。実際に30代の死亡確率は１％を割り込んだ水準です。この場合にこの人が保険に入って守ろうとするリスクとは「１％の確率で死んでしまうこと」であり、それによって、残された家族が生活できなくなることの影響を和らげるためです。この不測の事態をお金でカバーするものとして、ある人は、同じような生活水準を守るために高額の保障をつけ、またある人は、最低限の生活だけは確保しておきたいとの思いから死亡保険に加入し保険料を払い込むのです。同じリスクに対して保障のつけ方が違うのは、個人の事情や判断・価値観の違いです。このように、自分の生活水準と保険料の兼ね合いをもとに、リスクが顕在化した場合でも、人生を大きく変

えなくてすむために保険を用いています。

　では、同じことを投資で考えてみましょう。投資におけるリスクは、命まではとられませんが、投資した対象の価格が下がることなどにより、投資したお金が目減りすることです。ここで守らなければならないことは何でしょう？　それは、死亡保険に入った際に抑えようとしたリスクの影響と似ています。死亡保険では、万が一亡くなって収入を得るすべがなくなったとしても、残された人の人生設計を守るために保険に入ります。投資では、万が一価格が下がって損失したとしても、残りのお金だけでも人生設計を損なわないことです。リスクの対象は違いますが、リスクが顕在化した際の影響を考えて行動する点では近しいです。リスクが顕在化することで、人生設計にまで大きく影響を及ぼしてしまうような金額を投資にまわすべきではありません。

> ✓ 投資においてリスクから身を守るとは、万が一価格が下がって損失したとしても、残りのお金で人生設計を守ること。

　保険と違って、投資は不確実性が大きい世界です。死亡保険では、30代の死亡率は1％弱で安定していますが、投資では、損失する大きさは必ずしも安定的なものとして予測できません。加えて、死亡のようにまれに生じるものではなく、投資における損失はいつなんどきでも起こりうるものです。この場合、人生設計を守るためには、発生する可能性がある損失を考

慮しておくべきです。もっというならば、可能性のなかでも大きなものを想定しておくべきなのです。

また、個人は資産形成の意欲と知識・経験が同じとは限りません。お金が絡むと、知識や経験のない領域にまで踏み込む人が多いので、その点は制御が必要です。

車の運転であれば、経験がなければ首都高速は避けるでしょう。それは、「むずかしい環境＋素人の運転＝事故の確率が高い」と判断するからです。投資の場合も、「むずかしい＋素人の運用＝損失の可能性が高い」ということになります。だからこそ、投資の経験がない人には抵抗があるわけです。でも、お金が絡む場合、その抵抗感を乗り越えてでも投資をしたい誘因が存在します。そのギャップを埋めることができるのは、アドバイスする立場の人です。ギャップを埋めるとは、儲けるテクニックを教えることができればよいのですが、素人がそういうことができるテクニックなんて実際には存在しません。大切なことは、そういう人に大ケガをさせないように手助けすることです。

首都高速の運転の例では、首都高速を上手に運転できるテクニックを教えるというよりも、できるだけ事故の確率を抑える方法、すなわち、制限速度のルールを守ってもらうことがそれに当たります。

何事も、知識や経験が少ない人とは、リスクを自ら上手にコントロールすることができないことを意味します。これは、投資であれば、自分が投資した対象のリスクをそのまま受け入れ

ることになるのです。新興国債券の通貨選択型でブラジル通貨の投資信託を購入した場合、その人は、新興国債券のリスクとブラジルレアル通貨のリスクをいや応なく受け入れています。表面上は10%を上回る金利利息を得ることができますが、道路に置き換えれば、運転難易度の高い山間部の山道のようなものです。本来なら、もう少しリスクの小さい選択（安全な国道）をすべきでしょう。でも、どうしてもブラジル通貨選択型の新興国債券に投資したいのであれば、そのリスクが顕在化しても人生設計を守ることができるように、投資する金額を抑える（運転のスピードを抑える）ことで、全体としてのリスクの大きさをコントロールすることです。

☑ 知識や経験が少ない人ほど、自らリスクをコントロールするすべが乏しいので、受け入れることのできるリスクのとらえ方を教えることが重要。

3 顧客が「投資してもよい」といったお金を、その人の許容リスクと考えていませんか

　投資商品の販売現場において、「個人が投資商品を購入しようとする金額」を「個人の許容リスクの大きさ」とみなして話を進めることが想定されます。個人が投資を考えている金額を確認したうえで、その金額の範囲内で最適なリスクとリターンの投資商品を提供するものです。金融機関の窓口などで投資商

品を販売する場面では、次のような光景が行われていることも多いのではないでしょうか。

　担当者「現在、投資信託の購入をお考えになっている金額はおいくらでしょうか」

　Ａさん「はい、200万円です」

　担当者「そうですか。では、その範囲で、どのようなものをお考えですか」

　Ａさん「リスクが極端には大きくなくて、日本の金利よりは利息収入を安定的に得られるものが希望です」

　担当者「そうですか。それでは、先進国の債券はいかがでしょうか？　利息は年率で２〜３％が見込めますし、リスクの大きさも５段階で示すと低いほうから２に位置します。為替レートの変動が主なリスクです。円高になると資産が目減りし円安になると為替の利益が発生するのですが、日本の金利は低いので、円安傾向にあります」

　Ａさん「それは、私の希望にあっていると思います」

　担当者「それでは、この商品について詳しくご説明します」

　ここでこの人は200万円を投資しようとしています。とりあえず、手元の余裕資金であって、少々の価格変動くらいであれば大丈夫と考えているお金なのでしょう。投資対象のリスクを深く考えず、漠然と金額を決めています。

　この人にとっての200万円は、もしかしたら全部失っても支障がないと考えている金額かもしれないし、２割も損をするこ

図表9−1　許容リスクの大きさの認識によって、投資可能金額は大きく違う

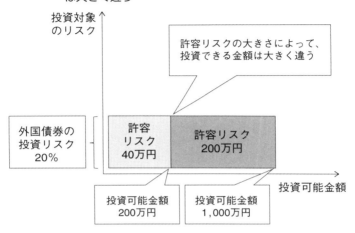

とは考えていないかもしれません。前者であれば許容リスクの大きさは200万円になりますし、後者であれば40万円（200万円×2割）となるでしょう（図表9−1参照）。大切なのはこの点を確認する行為です。

先ほどの例では、投資信託を販売する担当者も、顧客からの金額の申出をそのまま受け入れて、どういった投資対象を望んでいるのかという点に話を進めていますよね。外国債券のリスクは大きく見積もっても2割程度でしょうから、顧客の許容リスクが2割程度であれば、結果的にたまたまマッチします。でも、もっと大きな許容リスクであれば、顧客はもう少したくさんのお金を投資できたのかもしれません。逆に預金の代替として投資を想定していたのであれば、もう少し小さい金額にして

おくべきでしょう。

　ただし、顧客の許容リスクの大きさを確認するといっても、「あなたの許容リスクはこの200万円ですか？」とストレートに聞けば、顧客は呆気にとられてしまうでしょうね。「？？？」という反応しか得られません。こういったことを顧客本人が認識できるようにわかりやすく優しく話を進め、問いかけることがFPの役割だと筆者は思っています。自分がどれくらいの許容リスクを受け入れることができるのか顧客本人もよくわかっていません。また、それが投資をする際にどれくらい大切なことなのかも十分に認識していないでしょう。そして、個人の事情によってまったく異なるので、その事情にあわせることが大切です。たとえば、「投資にリスクはつきものですが、そのなかでも確実に守りたい金額はいくらですか」と問いかけることにより、お金全体から確実に守りたい金額を差し引いた残りを許容リスクとして確認することもできます。また、まったくのノーアイデアで悩んでいる人には、「お金の1割程度と考えておけば安心ですよ」といった目安を提示するようなアドバイスもあるでしょう。そういった意味では、許容リスクの大きさを確認することの大切さを伝え、顧客がどれくらいなのかを自分のなかで再確認する行為は、FPにおいては「導く」行為になります。

4 適正な投資金額は、お酒にたとえるとわかりやすい

　個人はどれくらいのお金を投資にまわすことができるのか？　お酒を例に考えてみましょう。仮に、ビールを3杯までは飲める人がいたとしましょう。この人にとって、アルコールを受けつける総量（アルコール総量）はビール3杯分です。これがこの人の「許容リスク」です。ですから、アルコール度数がビールより3倍高いワインだと、1杯しか飲めません。このアルコール度数が「投資対象のリスク」で、飲むことのできる杯数が「投資にまわすことのできるお金の大きさ」と考えてみてください。図表9－2はこれらの関係を示しています。

　この人は、アルコール度数（＝投資リスク）の低いビール（たとえば先進国の債券）では、3杯分のお金を投資できて、アルコール度数の高いワイン（たとえば新興国の株式）であれば、1杯分のお金しか投資できません。いずれもアルコールの

図表9－2　アルコールで投資配分を理解

総量（許容リスク）は同じで、この人が受けつけることができる許容範囲内です。それを超えてしまうと悪酔い（想定外の損失）をしてしまう可能性があるので、避けるべきでしょう。

　アルコールの適量には個人差があり自分で適量を把握できても、個人にとって投資の許容リスクはピンときません。また、お酒であれば、ビールかワインかウイスキーかなどの種類によるアルコール度数の違いはイメージできても、投資対象の違いによるリスクはイメージできません。FPの役割はまさにここにあります。それは、ライフプランやマネープランから個人の事情にあわせた許容リスク（アルコールの総量）を把握することができ、個人の知識や経験のレベルに応じて、どういう投資対象（ビールかワインかウイスキーかなど）が、どれくらいのリスクなのかを説明できるからです。それにより、個人の事情にあわせて、どれくらいのお金（何杯分）まで投資できるのかの目安を示すことができます。この方法については、みなさんがここまで読んできたとおりです。個人で、投資についてよくわからない人には、身近な例を用いてイメージをもたせることがポイントです。

　ライフプラン仮説に基づくと、若い時には将来までの時間があるから、少々のリスクをとっても、多めのリターンが期待できる資産などにお金を配分し、一方で、年配者は、将来を考えるとリスクをとる時間軸が短く、また、損失が生じた場合の人生への影響が大きいために、リスクの低い資産などへの投資を中心にすべきと考えます。

しかし、すべての年配者がライフプラン仮説の考え方にフィットするとは限りませんよね。これらの図式に当てはまらない人もたくさんいます。特に、若くても安定志向の強い人や、逆に年齢が進んでからも比較的リスクをとりたいと考えている人たちです。また、特定国やリスクの高い資産などハイリスクなものに投資することを志向する人もこの部類に入るでしょう。このような人たちには、通常のライフプラン仮説によるアプローチを用いることはできません。

　こういう人たちこそ、リスクを組み合わせて考えるべきなのです。いままでお話しした「顧客が受け入れることができる許容リスク」と「投資を考えている資産」によって、投資にまわすことができるお金の大きさが決まってくるのです。

　許容リスクの大きさと、投資対象のリスクの大きさを見積もることができるならば、より柔軟に資産形成を行うことができ、「ライフプラン仮説」のなかにおいても、顧客のさまざまな欲求に対応できます。

☑ この本の考え方はライフプラン仮説に当てはまらない個人にも対応できる。

5　すべてを決めるのが投資のアドバイスではありません　アドバイスの３原則

　FPは、多くの場合、金融の知識を用いて顧客の答えを導く

ことが仕事ですよね。そのなかでも、税金に関することであれば、ある程度は答えが決まっています。また、保険では選択肢はありますが、どういうふうにすればどういった効果があるというアクションとその結果は結びついています。それに対して、金融資産形成のむずかしいところは、投資をしても必ずしもうまくいくとは限らないため、「どうしたらこうなる」ということが明確ではないところにあります。「貯蓄の3割を株式や債券に投資すれば、20年後、30年後には、預金にしておくよりも多くの資産を蓄えることができるはずだが、絶対確実ではない。しかも、その途中では価格が下がる局面もあるかもしれない」、これが投資の世界です。

　こういう世界で、前述した、金融資産形成におけるFPの役割を覚えていますか？　それは、「想定外を想定内」に抑えること、顧客の人生設計を揺るがすことのない範囲で投資を行うようにアドバイスすることでした。そのためには、個人もよく理解していない許容リスクを把握・確認できるようにすること、投資対象のリスクの大きさを教えること、そのうえで、何にどれくらいなら投資できるのかを教えることでした。

　これらについて、FPはすべて同じ役割をするのではありません。本章の「3　顧客が「投資してもよい」といったお金を、その人の許容リスクと考えていませんか」において述べたように、許容リスクの大きさを確認することの大切さを伝え、顧客の許容リスクがどれくらいなのかを顧客とともに再確認する行為は、FPにおいては顧客を「導く」行為になります。そ

れに対して、顧客が投資したいと考える対象のリスクの大きさを、その顧客の知識・経験レベルにあわせて、情報としてわかりやすく教えること、これは「情報を提供する」という役割になります。許容リスクと違って、顧客には投資リスクの大きさはわかりません。

顧客がどういったものに投資をするのかは、基本的には個人の好みや選択によるものです。どうしても個人にアイデアがない場合には助言も必要でしょう。それでも、この点において最終的に決めるのは個人です。

そして、これらをふまえたうえで、どういった投資対象であれば、どれくらいの投資金額・投資配分が妥当なのか、アドバイスするのもFPの役割です。その際の役割とは、「考え方を提供する、教える」ことになります。これらのことを示したのが図表9-3です。

このようにみてみると、FPの役割は「導く行為」「知識としての情報を提供する行為」、そして、「考え方を提供する行為」がポイントになります。そのなかで、「何」に「どれくらい」

図表9-3 アドバイスの3原則・役割は違う

のお金を投資するのかは、最終的に個人が決めるべきことです。この役割をふまえていれば、顧客との信頼関係は保たれるのではないでしょうか。

　顧客に投資のアドバイスをするといっても、顧客の成功とともに利益を享受するウィン-ウィンの関係にある人は、すべてが顧客のためになるのであまり問題ないのですが、顧客との利益が相反する立場にある人は、目先の行動では自分の利益が顧客の不利益になってしまうような場合もあるはずです。たとえば、投資信託を販売する担当者はどうでしょうか。収益を積み上げることが目標であれば、収益性の高い＝販売手数料や運用管理費用の高い投資信託を売る誘因や頻繁に売買をする誘因がどうしても生じてしまいます。そのためだけに顧客を誘導することは法律的に許されていませんが、いくらかの影響もあるは

図表9-4　FPの役割

あなたが導くこと	
顧客の蓄え（将来的なものも含めることができれば、なお可）	顧客の許容リスクの大きさ
蓄えのうち、損失可能性を受け入れることができる割合	
知識・経験レベルを確認し、投資対象のリスクを考えるうえでの参考にする	顧客の投資に関する知識・経験レベル

あなたが（情報・知識を）提供すること	
顧客のレベルにあわせた、投資対象のリスクの大きさ	投資対象のリスクの大きさ

あなたが（考え方を）教えること
顧客の意向に即した、投資対象への投資金額（割合）の大きさ

ずです。

　仮にそういった立場であったとしても、長期で顧客の人生設計を守ることを考える意識が大切になってくるのです。それでは最後に、図表9－4に本書でお伝えしたいFPの役割についてまとめておきます。

6　マイナス金利下の投資環境を考える

　日本では、2016年初めよりマイナス金利が導入されました。最後に、この影響による投資環境の変化と資産形成の手段について考えてみましょう。

　マイナス金利の効果を考えるうえで大切なことは、実質金利が与える影響です。日銀の量的緩和を背景とした金利の低下は、マイナス金利でなくても、資産のリスク・リターンの関係に影響を及ぼします。金利が低下すれば、リスクプレミアムの低下を通じて株式やリートなどリスク資産の魅力が相対的に高まります。これがデフレ環境下であれば金利の低下幅よりも物価が下落するため実質金利（金利水準－物価上昇率）は思うように低下しませんが、積極的な金融政策によって実質金利をマイナスに誘導することは、インフレ期待の醸成を伴って株式などリスク資産の価格を押し上げる効果があります（図表9－5参照）。実質金利がマイナスということは、金利よりも物価の上昇率が高い状態であり、預金や債券でお金を運用しても実質

図表9-5 実質金利と日経平均株価の推移

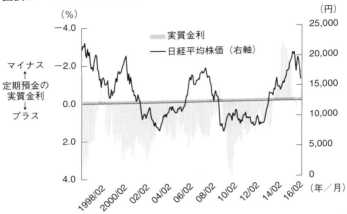

(出所) ブルームバーグ、総務省のデータより三菱アセット・ブレインズ作成

的には目減りすることから、よりインフレヘッジとなる資産への投資意欲が高まるのです。

　日銀が銀行からの当座預金の利息を一部分にせよマイナスとしたことは、すでに行っている量的緩和による国債買入れとともに、債券金利の水準をさらに押し下げる効果があります。

　マイナス金利の導入前においても、短期国債などの短期ゾーンから3年程度までの国債はすでにマイナスの水準になっていたのですが、マイナス金利導入後は、さらに金利水準が低下し、2016年3月現在、日本の債券金利は残存期間10年以下までマイナスになりました（図表9-6参照）。これにより、銀行や生命保険会社などの金融機関は、お金を預けてくれる顧客に対

図表９－６　マイナス金利導入前と導入後のイールドカーブの変化

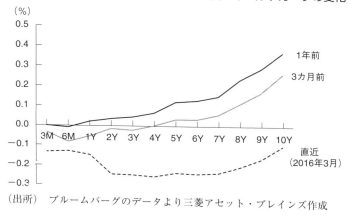

（出所）　ブルームバーグのデータより三菱アセット・ブレインズ作成

しての預金利息や運用利回りを確保するためには、日本国債による運用や日銀への当座預金から得る利息には依存できなくなり、他のリスク資産にお金をまわす圧力が強まったのです。また、日銀はさらなる緩和余地にも言及することで、さらに実質金利（金利水準－物価上昇率）をマイナスに引き下げる余地を示したともいえましょう。たとえば物価上昇率が原油価格の下落などにより０％になったとしても、一段とマイナス金利を推し進め量的緩和による国債買入れをすることにより金利が大きくマイナス水準になれば、実質金利はマイナスを維持できます。

　MMFが償還され、日本の債券で運用する投資信託や貯蓄性の高い保険商品の一部では受入停止が始まったように、マイナス金利下で安定的にプラスのリターンを提供する金融商品の選

図表9-7 外国債券（ヘッジ付き）、外貨預金、高配当株・リート等のリスク水準

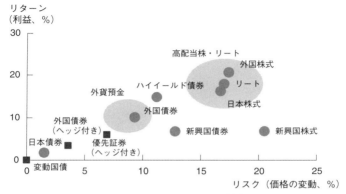

（注）　三菱アセット・ブレインズのデータより算出。

択肢は次第に限られてきています。日本債券によるリターンはほとんど期待できないことから、投資によってプラスのリターンを求めるならば、リスク資産にお金をシフトすることになります。金利を獲得するために外貨預金、高配当株式、リートなどにお金を配分することもこれに当たります。

　図表9-7に示すように、これらは比較的大きめのリスクを受け入れることになりますが、これも投資のリスク全体をコントロールするという観点では、本書でお話した「投資した資産×投資金額が許容リスクに収まっているかどうか」という考え方で整理できます。母国の国債という、もっとも安定した資産によるリターンが期待できなくなったため、投資において、現金・預金か比較的リスクの高い資産かという選択がより色濃く

なってきました。それは、本書の考え方がさらに生きてくることでもあります。リスクの高い資産に投資したとしても、預金も含めたお金全体でとらえればよいのです。

ただ、顧客のなかには、高齢のシニア層と呼ばれる人たち中心に、高いリスクには抵抗感が強く、日本債券のようにリスクが小さくて、安定した収益が期待できる投資対象を強く望む人もいるでしょう。こういった人たちのニーズに応えられる投資対象が存在するのか、存在するとしたらどのようなリスクがあるのかについて触れておきましょう。

まず、下限金利（0.05％）が確保されている個人向け変動国債（10年）ですが、個人を優遇したこの商品のメリットはリスクがゼロということです。ただし10年国債の金利が０％近辺にあることを前提とすれば、資産形成というにはあまりにも低い金利水準です。銀行預金にしておくか、それとも微々たる金利を得るのかという選択であり、あくまで預金代替としての投資商品です。

さらにもう少しリスクをとるとすれば、一般的には、債券の投資期間を長めにするか、クレジット（信用）リスクをとるという方法が考えられます。外国資産においては為替のリスクが大きいためヘッジ付きが前提になるでしょう。

外国に目を移すとヘッジ付きの外国債券があります。リスク水準は日本国債よりもわずかに高い水準です（図表９−７参照）。日本同様にEUもマイナス金利を導入したことにより外国債券も金利は低下しており、グローバルに投資する国債の金

利水準は1％台ですが、そのなかでも、流動性の高いアメリカの投資適格社債であれは3％近い利回りが確保できます。このタイプの投資信託も存在します。ハイイールド債券までのリスクはとらなくても、いくらかのクレジットリスクをとることで投資妙味がある利回りを確保できます。このように、リスクの所在を把握し、リスクを限定する工夫をすることで、低リスク・ミドルリターンをねらうことが考えられます。

最後に、高い利回りが期待できることから人気がある、主に金融機関が発行する優先証券を組み入れた投資信託について触れておきましょう。最近では、優先証券の価格変動は落ち着いているので安定的な投資対象のように映りますが、注意点は流動性が乏しいことと、金融機関に偏った投資になるため分散効果が十分に効いていないことによる潜在リスクが大きいことです。このタイプの投資対象にお金を振り向ける場合には、潜在

図表9－8　世界優先証券指数（ヘッジ付き）の推移

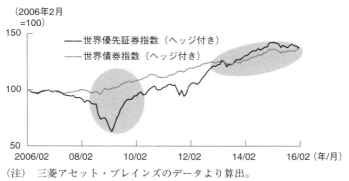

（注）　三菱アセット・ブレインズのデータより算出。

図表9－9 各種債券（ヘッジ付き）のリスクの大きさ

	価格変動率 直近5年間 （2010/10 －2015/09）	価格変動率 リーマンショック前後の5年間 （2005/10 －2010/09）	リーマンショック時の最大下落率
外　国　債　券	4	4	8
ハイイールド債券	6	13	34
新　興　国　債　券	11	11	18
優　先　証　券	7	11	32

（注）　三菱アセット・ブレインズのデータより算出。

リスクまでを考慮しておくことです（図表9－8参照）。

　参考までに、これらを含めたヘッジつきの各種債券におけるリスク水準について掲載しておきましょう。図表9－9ではイメージが湧きやすいように5％刻みに調整せず、そのままの数値を記載しておきます。

　いずれにしても、マイナス金利下で一定の収益を求めるにはなんらかのリスクを受け入れることになります。そうしたなかでも、投資対象の選定ではリスクの所在を把握し、リスクを限定することにより収益の安定性を図ることです。それとともに、リスクを受け入れる機会が増えるからこそ、本書で示したお金全体でみたリスクの把握がより重要になってくるのです。

■ 最後に

　投資の重要性が意識される理由はいくつもあります。日本の財政問題が厳しくなるなかで、私たちは老後への不安に対して自分で備えを進めなければなりません。政府は年金によるお金の支給が厳しくなるなかで、個人が将来への備えとして自分で資産形成を進めるための器として、NISAや確定拠出年金などの非課税を用いた各種の投資促進策を整備しています。頑張っていれば、将来は国から安心して生活できるお金を支給してもらえる時代は終わり、そのかわりに国が用意した器を活用しながら、自分で将来に向けて準備をする時代になりました。また、長いデフレ期からの脱却を政府・日銀あげて目指すなかで、デフレ下では預金・現金で保有することが最良の選択であったものが、インフレへと変化するなかでは、お金をインフレに強い資産に振り向けることによって、お金の価値を目減りさせないことへの対処も、自分自身で行わなければなりません。お金の運用という面でも、低金利の環境において収益を生むためには、それに見合ったリスクを自らとっていくことになります。これからの大相続時代においては、相続によって突然引き継いだお金や有価証券などの資産についても考えていく必要性に迫られる機会も増えるでしょう。

　ただ、投資にはどうしてもリスクがつきまといます。リターン（収益）はリスクを受け入れる対価として得られるものだからです。このリスク・リターンの考え方や、リスクの感覚につ

いて、その経験が少ない人ではどうしてもイメージしにくいものです。それは、個人の努力が足りないのではなく、日常生活ではほとんど接することのないものだからです。私たちが普段の常識のなかでバランスよく判断しているのは、経験値によって身についてきた積上げによるところが大きいのです。これは、5年程度の投資経験があるからといって、それだけで身につくようなものでもありません。リーマンショックは世界の中央銀行の対応によって結果的に数年で収束しましたし、その後に投資をした人は基本的に順風満帆で、身をもって大きなリスクを体験してはいないからです（このようなことを書いている最中に中国発のリスクが顕在化してしまいましたが……）。

　いまの若い世代では、小学校の頃からお金に関する授業（金銭教育）も行われ始めています。それは家庭科のなかで行われるなど初歩的な取組みではありますが、教育に具体的に取り入れられています。また、40歳以下の人は、インターネットなどを通じて、情報を自分で収集して、理解できる範囲で自分が判断するという癖がついています。これはあまり強調されませんが、それ以上の年齢の世代からみると特筆すべきことです。一方で、現在、日本で大きなお金を保有している世代、老後への備えを意識する世代、これからの大相続時代で数百兆円ともいわれる資産を引き継ぐ世代は40歳以上が中心です。これらの人は、老後への保障に対する制度の変化のはざまで、十分な投資教育の機会を得ていません。また、日本のバブル崩壊を経験した世代としても、投資に対する警戒心から、長い間、投資を敬

遠していた人も多いでしょう。

　世の中の変化に伴って、リスクがあるものに対して大切なお金を振り向ける必要性が高まるなか、リスク感覚を身につける機会が乏しかった人にとっては、わかりやすいかたちでリスクを提示し、人生計画のなかで「適正な範囲」で投資を行うように導くことが重要です。それは、投資によって想定していなかったリスクが顕在化し、「こんなはずではなかった」という、取り返しのつかない事態を避けるためです。

　投資をする際には、何に投資をしたらよいのかについてあれこれ考えますが、どれくらいの金額を投資してもよいのか、どれくらいのリスクがあるのかについては深く考えません。でも、それこそが大切なのです。本書では、一貫して、FPや投資アドバイスを行う立場の人にとっての顧客が、「投資において、人生計画を大きく損なわないためにはどうすればよいのか」という点に焦点を当ててきました。本書を読んでいただければ、だれも人生設計を行き詰まらせるようなことはさせません。やや保守的すぎる部分もありますが、この点をご理解のうえ、ぜひ、多くの人が参考にしていただければ幸いです。